Anleitung zur Autobiografie in 300 Fragen

GERHILD TIEGER

ANLEITUNG ZUR AUTOBIOGRAFIE IN 300 FRAGEN

WEGE IN DIE ERINNERUNG

Autorenhaus

Die Deutsche Nationalbibliothek verzeichnet diese Publikation in der Deutschen Nationalbibliografie; detaillierte bibliografische Daten sind im Internet über http://dnb.d-nb.de abrufbar.

Umschlagbild: Frida Kahlo, Mis abuelos, mis padres, y yo (Meine Großeltern, meine Eltern und ich), 1936.
© Banco de México Diego Rivera Frida Kahlo Museums Trust / VG Bild-Kunst, Bonn 2010. Foto: akg-images
Design: Sigrun Bönold

Überarbeitete und erweiterte Originalausgabe
© 2004/2010 Autorenhaus Verlag GmbH, Berlin
ISBN 978-3-86671-085-6

Umwelthinweis: Dieses Buch wurde auf chlor- und säurefreiem Papier gedruckt.
Druck und Bindung: Westermann Druck Zwickau
Printed in Germany

INHALT

Ich schreibe gern. Doch ich schreibe nur für mich
und zum eigenen Vergnügen.
Jerome David Salinger (1919-2010),
Der Fänger im Roggen

Vorwort

_____

_____

_____

_____

Etwas, das bleibt

Jeder Mensch hat eine Geschichte zu erzählen. Und die muss er sich nicht erst ausdenken. Sie steckt in ihm und wartet darauf, gehört zu werden: Die Geschichte seines Lebens. Sicher haben Sie schon einmal Ihrer Familie und Freunden Episoden aus Ihrem Leben erzählt. Sie haben von Ereignissen und Erfahrungen berichtet, die Ihr Leben oder Ihre Meinung verändert haben.

Vielleicht spüren Sie seit langem den Wunsch zu erklären, was Ihnen wichtig ist und was Sie zu dem Menschen gemacht hat, der Sie heute sind. Sie würden gerne festhalten, was Ihnen an witzigen, ungewöhnlichen oder berührenden und dramatischen Erlebnissen begegnet ist, damit diese Erinnerungen nicht verloren gehen.

Erinnerungen sind nicht nur für Sie selbst wertvoll. Mit ihnen geben Sie auch ein Stück der Zeit, in der Sie leben, Höhepunkte und Augenblicke Ihres Glücks und Ihrer Trauer weiter. »Genau so war es«, sagen Sie und die Menschen, die Ihre Lebensgeschichte lesen, verstehen, warum Sie an einer wichtigen Wegkreuzung die eine Richtung und nicht die andere gewählt haben.

Warum wollen Sie Ihre Autobiografie, Memoiren, Erinnerungen schreiben? Sie möchten von Ihrem Leben erzählen, ein Stück ihres Schicksals für Ihre Angehörigen bewahren, einen Lebensabschnitt abschließen, eine Einstellung zu einer fehlgeschlagenen Beziehung finden, etwas aufarbeiten, sich klar werden über das eigene Verhalten in einer Krisensituation, Rechenschaft ablegen, bestimmte Menschen würdigen, ein Stück Vergangenheit beschreiben. Vielleicht schreiben Sie Ihre Lebensgeschichte vor allem nur für sich selbst auf, ohne an andere Leser zu denken?

Um über Ihr Leben zu schreiben brauchen Sie keine weiteren Vorkenntnisse. Was Sie wissen müssen, Anregungen und Tipps, erfahren Sie in den nächsten Kapiteln.

Sie sind also entschlossen, das Buch Ihres Lebens zu schreiben?

Dann zögern Sie nicht. Sie werden Zeit und Geduld dazu brauchen und sich selbst als Persönlichkeit neu entdecken. Dabei sollen Ihnen die 300 Fragen helfen. Sie müssen aber nicht jede einzelne beantworten. Wenn Sie meinen, es gäbe zu einem Thema nichts Interessantes zu erzählen, gehen Sie einfach weiter. Manche Fragen werden sofort weiterführende Gedanken und Gefühle auslösen, je heftiger, umso besser: Darin liegt der Stoff für Ihre Autobiografie. Nicht die Banalitäten des Alltags sind interessant, sondern die Ereignisse, die Ihr Leben besonders beeinflusst oder geformt haben.

Machen Sie sich ans Werk. Lesen Sie bitte die folgenden Kapitel, bevor Sie sich die 300 Fragen ansehen. Bei den Fragen habe ich Platz gelassen, damit Sie ganz spontan erste Stichwörter notieren können. Das ist dann der Ausgangspunkt fürs Schreiben.

Später ist noch genug Zeit zu entscheiden, ob Sie dies allein für sich selbst getan haben, für Ihre Familie und gute Freunde oder ob so viel interessanter Stoff darin steckt, dass Sie auch fremde Leser damit fesseln könnten. Nur Mut!

I. VORBEREITUNG

In der guten Autobiographie ist immer, bisweilen zwischen den Zeilen, zusammen mit dem Selbstporträt des Autors auch das Bild der Epoche enthalten, in der sich sein Leben abgespielt hat.

Marcel Reich-Ranicki

ZWEI ARTEN IHR LEBEN ZU ERZÄHLEN

Wie möchten Sie über Ihr Leben schreiben? Bevor Sie mit dem Schreiben beginnen, entscheiden Sie sich, welche Form des Erzählens Ihnen mehr liegt oder besser geeignet ist für das, was Sie beschreiben möchten. Hier als Entscheidungshilfe die zwei am meisten genutzten Erzählformen:

AUTOBIOGRAFIE

Die Autobiografie wird oft mit Memoiren und Erinnerungen verwechselt. Die Autobiografie ist der Rückblick auf ein Leben und behandelt eine *lange* Zeit eines Lebens. Meist wird die chronologische Form – von der Kindheit bis zum Jetzt – gewählt. Wer eine Autobiografie schreiben möchte, bringt oft so viel Material aus seinem Leben mit hinein, dass er wahrscheinlich nur ein einziges Buch darüber schreiben wird.

MEMOIREN UND ERINNERUNG

Schon im Wort *Erinnerung* liegt der Hinweis auf das Episodenhafte, um die Beschreibung einzelner Erlebnisse, Zeitabschnitte, Erfahrungen, die herausgegriffen und zum Schwerpunkt gemacht werden. Das kann ein starkes Erlebnis, ein ungewöhnliches Thema oder eine schwierige Lebensphase sein.

Memoiren und Erinnerungen behandeln also ein Thema oder ein Erlebnis, das der Autor besonders reflektieren möchte: Beschreibungen von Lebensabschnitten und dramatischen, berührenden Erfahrungen. Eine Erinnerung erzählt von einem begrenzten Zeitabschnitt Ihres Lebens und hat einen Schwerpunkt, der den Inhalt bestimmt: die Begegnung mit einem ungewöhnlichen Menschen, die Bewältigung einer schwierigen

Lebensphase, eine außergewöhnliche Karriereentwicklung, ein bestimmendes schicksalhaftes Erlebnis wie Trennung, die Bewältigung einer schweren Krankheit.

»Was Memoiren so eindringlich macht, ist ihr enger Fokus. Im Gegensatz zur Autobiografie, die ein ganzes Leben umspannt, setzen Memoiren das Leben als bekannt voraus und ignorieren das meiste davon. [...] Memoiren sind nicht die Zusammenfassung eines Lebens, sondern ein Fenster, durch das wir einen Ausschnitt aus einem Leben betrachten.« (W. Zinsser: *Nonfiction schreiben*)

Memoiren sind die Art der biografischen Erzählung, die gerne von Politikern, Unternehmern und Prominenten gewählt wird. Sie gilt einem Lebensabschnitt, einer erlebnisreichen aktiven Zeit. Viele Erzähler schreiben gar nicht selbst, sondern suchen dafür einen erfahrenen Ghostwriter, einen Autor, der alleine oder zusammen mit dem Auftraggeber die richtige Stimme findet. In Memoiren und Erinnerungen werden oft subjektive Meinungen und Standpunkte aus der Sicht des in der Öffentlichkeit bekannten Prominenten ausgesprochen und der Text nicht selten vor dem Druck des Buches von einem Rechtsanwalt durchgesehen.

Wenn Sie eine klare Vorstellung vom Thema Ihrer Memoiren oder Erinnerungen haben, konzentrieren Sie sich hauptsächlich auf *einen* Aspekt Ihres Lebens. Ein solcher Rückblick ermöglicht eine Reflektion, die oft erst im fortgeschrittenen Lebensalter möglich ist.

Übrigens werden auch Reiseerlebnisse oft als Erinnerung oder Erlebnisbericht geschrieben und erzählen allein von jenen Eindrücken und dem persönlichen Wert der Reise für Ihr Leben.

Recherche, Sammeln, Sortieren

Vieles, was Sie erlebt haben, steht Ihnen vielleicht noch deutlich vor Augen. Sie spüren die Spannung im Raum als Sie Ihren Eltern erklärten, dass Sie Ihre Ausbildung abbrechen und mit dem Ausbildungsgeld ein Jahr auf einer abgelegenen Insel im Pazifik verbringen wollten.

Situationen sind manchmal von so starken Gefühlen bestimmt, dass es leicht ist, sie ins Gedächtnis zurückzuholen. Aber erinnern Sie sich noch an den genauen Wortlaut in der Diskussion zwischen Ihnen und Ihren Eltern? Was hat Sie so verletzt, dass Sie in diesem Jahr in der Fremde nicht ein einziges Mal nach Hause geschrieben haben? Oft reicht die eigene Erinnerung nicht aus. Wertvoll sind Fotoalben, Briefe, Notizbücher, ein Poesiealbum, Tagebücher und natürlich Freunde und Familienmitglieder, die man fragen kann. Gut, wenn Sie die Fotoalben mit Kommentaren versehen haben. Besonders hilfreich sind Tagebücher, weil man darin oft auch Stimmung und Dialoge wiederfindet. Wenn Sie Ihrer Lebensgeschichte historischen Hintergrund geben wollen, sind Büchereien, Jahrgänge alter Zeitschriften und Magazine oder öffentliche Archive die richtigen Quellen, um Ihrem Text Glaubwürdigkeit und Kompetenz zu verleihen.

Das Sammeln und Recherchieren von Informationen steht immer am Anfang. Schriftsteller gehen dazu sogar auf Reisen oder beschäftigen einen Assistenten, der die Grundinformationen für einen Roman zusammenträgt. Diese literarischen Helfer verbringen stellvertretend ihre Zeit damit, Bibliotheken zu besuchen, Auszüge aus seltenen alten Büchern oder Land- und Stadtkarten zu kopieren und Namensregister zu durchforsten. Sie liefern das Rohmaterial, das der Autor beim Schreiben mit verwendet. Bereiten auch Sie sich auf Ihre Arbeit vor, vieles finden Sie im Internet. Aber prüfen Sie die Informationen dennoch kritisch, gerade auf Internetseiten ist vieles einfach falsch.

Diese Vorbereitungsarbeit ist wichtig und stimmt Sie innerlich auf die Arbeit des Schreibens ein. Sie speichern unbewusst schon vieles, während Sie zusammentragen, was Sie für Ihre Lebensgeschichte brauchen. Wenn Sie dann so weit sind, mit Ihrer Arbeit zu beginnen und diese Informationen »abrufen«, liegt alles schon bereit, was Sie zu Papier bringen möchten.

Das Sichten und Sortieren ist bereits Teil des Schreibens, vielleicht stoßen Sie beim Sortieren auf einen fesselnden Einstieg Ihrer Autobiografie? Vielleicht wird Ihnen klar, dass es ein besonderes Ereignis gibt, mit dem Sie beginnen wollen, um von da aus Ihren Lebensweg zu erzählen.

Beim Schreiben von Memoiren und Erinnerungen sammeln Sie Episoden oder Material zu einem bestimmten Lebensabschnitt oder folgen dem Motto eines bestimmten Themas. Dabei könnten Sie Ihre Texte nach einer vorhandenen Stichwortliste sammeln. Sie beschreiben Szenen, Orte, Menschen und die Details dazu und bei jeder Episode auch, was Ihnen an sinnlichen Eindrücken in Erinnerung geblieben ist.

Wenn Sie genügend Material zusammenhaben, sollten alle Notizen von Gesprächen mit Verwandten, Freunden und Bekannten, Fotoalben, Tagebücher, Notizbücher, Tonbänder, Briefe, alles, was Sie brauchen könnten, greifbar sein.

Irgendwann sind Sie fertig mit Ihrer Material- und Informationssuche. Sie werden überrascht sein, wie viel dabei zusammengekommen ist. Nicht alles ist verwendbar. Sie werden

Banalitäten finden, die es nicht wert sind, erwähnt zu werden, weil sie nichts Besonderes über Ihre Person und Ihr Leben aussagen. Weil Sie Ihre Leser nicht langweilen wollen, trennen Sie sich leichten Herzens davon.

»Die interessanteste Figur aber, so hoffen wir, ist der Mensch, der die Memoiren geschrieben hat. Was hat dieser Mensch aus den Höhen und Tiefen seines Lebens gelernt?«, fragt Zinsser in *Nonfiction schreiben*. Und genau das ist es, was Ihre Leser interessiert.

II. SCHREIBEN

————————

————————

————————

————————

Wenn wir fragen: Was wollten Sie erreichen? wird jeder Mensch schließlich von seinen Träumen sprechen. Und wenn ein Mensch sein Herz sprechen lässt, seiner Wahrheit Worte verleiht, dann spricht er Poesie.

Ray Bradbury, Zen in der Kunst des Schreibens

Von sich zu schreiben in der ersten Person geht selten ohne Verstellung. Das »Ich« ist ein schiefes Licht, und der Vorsatz, schonungslos – oder gar schamlos zu sein, hat sich immer noch abgeschliffen und Schwächen in persönliche Vorzüge verwandelt. So bleibt nur die dritte Person, eine dürftige Tarnung, womöglich mit sprechendem Namen.

Ralf Rothmann: *Feuer brennt nicht*, Suhrkamp Verlag

ICH ODER DER ERZÄHLER

Die meisten Autobiografien werden in der Ich-Form und in chronologischer Abfolge geschrieben, wenn der Autor einen allgemeinen Rückblick für sich selbst oder seine Familie von dem, was sich wann zugetragen hat, plant. Dabei konzentriert er sich darauf nichts auszulassen. Diese Art der Autobiografie kann allerdings für den Leser schnell ermüdend sein. Denn wessen Leben ist schon so interessant, dass ein Leser wirklich *alles* wissen will?

Eine andere Art des Erzählens hilft Ihnen dabei, auch unbewusst zwischen der Banalität des Alltäglichen und wichtigen Situationen zu unterscheiden. Tauschen Sie probeweise die Plätze: Werden Sie vom Ich zum ER oder SIE und damit zu einem anderen Wesen, zum *Erzähler*. Damit gewinnen Sie Abstand zu sich selbst und können Ihre Geschichte unbelastet erzählen. Sie können zum Beispiel ohne Schuldgefühle gestehen, wie Er oder Sie sich etwas Schlimmes gewünscht hatte, mit fatalen Folgen für einen anderen Menschen. Der Erzähler in der dritten Person ist freier und ehrlicher, weil er eben nicht »Ich« ist. Probieren Sie den Verwandlungstrick aus und entscheiden Sie sich, was Ihnen mehr liegt.

DIE ARBEIT DES SCHREIBENS

Schreiben Sie mit der Hand, mit der Schreibmaschine oder mit dem Computer? Egal wie, Sie finden bald heraus, welche Arbeitsweise Ihnen das Schreiben leichter macht. Dabei geht es nicht allein um die Technik des Schreibens, sondern auch darum, welche Stimmung Sie anregt und beflügelt und durch welche Sie deprimiert oder gar am Schreiben gehindert werden.

Fällt Ihnen das Schreiben über positive, glückliche Lebensabschnitte leicht, weil sie dazu, wie im Rausch, Ihre Emotionen in die Tasten hämmern? Schreiben Sie Entwürfe stockend und mit vielen Pausen, wenn Sie über schmerzhafte Erfahrungen berichten? Ursula K. Le Guin unterscheidet zum Beispiel beim Schreiben über belastende Themen zwischen dem »freiem, nicht kontrollierten Herausfließenlassen« des Textes, wenn sie spontan und nur für sich selbst schreibt und dem, was sie »Zeugnis ablegen« nennt, dem Text, der von anderen gelesen wird.

Machen Sie zwischendurch Notizen, sehen Sie Fotos und Briefe an, um nach einer Unterbrechung einen neuen Einstieg zu finden? Akzeptieren Sie Ihren Arbeitsrhythmus und behandeln Sie sich selbst mit Geduld und Nachsicht!

Wenn Sie chronologisch vorgehen wollen, teilen Sie Ihre Lebensbeschreibung vorher in Zeitabschnitte ein.

Liegt Ihnen das freie Erzählen von Ereignissen aus dem Gedächtnis mehr, legen Sie ein größeres Gewicht auf die Höhepunkte Ihres Lebens, die Sie beschreiben und später thematisch verbinden.

Es kann Phasen geben, in denen der Blick auf die Vergangenheit Sie traurig macht. Sie werden sich fragen, warum Sie etwas ausgraben sollten, das Sie aus gutem Grund schön tief versteckt hatten. Oder warum Sie sich überhaupt darauf eingelassen haben, Ihr Leben zu erzählen. Vielleicht ist es tröstlich zu wissen, dass auch Berufsschriftsteller solche Tiefs erleben. Warum sollte es Ihnen anders ergehen? Wenn Sie also einmal denken, es sei zu schmerzhaft über bestimmte Erlebnisse zu berichten. Oder wenn Sie glauben, Sie hätten in jeder Hinsicht den Überblick verloren, geben Sie nicht auf. Tage wie diese gehen vorbei, lassen Sie sich nicht entmutigen! Suchen Sie sich ein Thema, das Ihnen emotional nicht so nahe geht, kehren zu Ihrer Fragenliste zurück.

Und erwarten Sie nicht gleich eine druckreife Version! Sie schreiben und sammeln Texte, die Sie in jedem Fall überarbeiten werden, kürzen, ergänzen und verlängern oder möglicherweise sogar streichen müssen.

Gehen Sie locker an Ihre Aufgabe, tun Sie alles, was Sie entspannt und inspiriert: Bringen Sie sich in Stimmung, sündigen Sie, bestechen Sie sich, setzen Sie sich ein Ziel. Alles ist erlaubt, um weiterzukommen. Bleiben Sie an Ihrer Arbeit. Das heißt, schreiben Sie täglich! Wenn Sie Ihr Notizbuch immer bei sich haben, geht Ihnen kein Gedanke, selbst wenn er nicht in die Zeit gehört, die Sie gerade beschreiben, verloren. Schreiben Sie eher zuviel, wenn der Schreibfluss gerade gut läuft. Streichen können Sie später immer noch.

Was tun, wenn Sie nicht weiterkommen, wenn Sie zu abgelenkt sind und innerlich keine Ruhe haben? Manchmal hilft ein Spaziergang, ein kurzes Gespräch mit Freunden. Gönnen Sie sich eine Pause, essen oder trinken Sie etwas, das Sie genießen und … gehen Sie wieder an die Arbeit!

ANFANGEN FÜR ÄNGSTLICHE

Der Anfang ist auch für Autorenprofis, die Geschichten und Romane schreiben, oft schwer. Wenn Sie eine Autobiografie schreiben wollen, haben Sie es leichter, wenn der Rahmen schon feststeht. Sie fangen vielleicht mit einer ersten bewussten originellen Kleinkinderinnerung und die Menschen, die Sie gesehen haben, an. Sie wissen, wie alt Sie damals gewesen sein müssen. Und von da aus erzählen Sie weiter – nicht alles, aber alles, was Ihnen damals wichtig war.

Falls Ihnen jetzt noch der Mut zum Schreiben fehlt, probieren Sie einen Trick, der die Angst vor dem ersten Satz lösen hilft. Rufen Sie sich etwas in Erinnerung, dass Sie seelisch stark bewegt hat.

Ein Verlust, zum Beispiel, ist mit vielen starken Gefühlen verbunden. Was immer Sie materiell oder immateriell verloren haben, Sie haben gelitten, seelisch oder körperlich. Solche Gefühle lassen sich leicht wieder nachempfinden. Nutzen Sie sie, um ihre Scheu vor den ersten Sätzen zu überwinden.

Stellen Sie eine Verlustliste auf von all dem, was Sie im Laufe Ihres Lebens verloren haben. Schreiben Sie so lange bis Ihnen nichts mehr einfällt. Fangen Sie mit dem an, was Ihnen gerade in den Sinn kommt.

Im Laufe meines Lebens habe ich vieles verloren:
die Mandeln,
den Blinddarm,
mein Vertrauen in die Familie,
meine Religion,
meinen Glauben an die Menschen,

meine Unschuld,
ein halbes Dutzend heißgeliebter Haustiere,
Freundschaften,
die Liebe meines Lebens,
mein Selbstvertrauen,
zwei Weisheitszähne,
ein Schmuckstück, an dem ich sehr hing,
ein Haus,
die Firma,
die Hoffnung auf ...

Suchen Sie sich aus, worüber Sie sofort schreiben möchten und schreiben Sie mindestens fünf Sätze zu jedem Beispiel, das Sie sich ausgesucht haben. Das ist ein Grundstock für später.

BEISPIELHAFTE ANFÄNGE

Professionelle Autoren schreiben manchmal verschiedene Anfänge, bevor ihnen ein guter Einstieg in ein neues Buch gelingt. Hier einige sehr verschiedene Anfänge von Autobiografien beziehungsweise Erinnerungen:

Lesen Sie die fiktive Autobiografie *Leben und Meinungen des Herrn Tristram Shandy* von Laurence Sterne: Im ersten Buch wird Tristram Shandy gezeugt, im dritten geboren, im vierten getauft und so wird auf den folgenden Seiten weiter erzählt, ohne dass es je langweilig würde. Denn es geschieht so viel. Durch die Technik der Abschweifung kann der Autor immer wieder von anderen Personen und Erlebnissen, wie den Feld- und Liebeszügen seines Onkels Toby, erzählen und dabei die Chronologie durchbrechen und vorgreifend von späteren Begebenheiten aus seinem Leben berichten. Vielleicht lesen Sie dieses ironisch-humorvolle Werk noch einmal, wenn Sie einen solchen Erzählstil selbst anwenden möchten.

Wollen Sie mit ihren Vorfahren beginnen, dann müssen Sie wirklich gut recherchiert haben. Ihre Autobiografie und Familiengeschichte könnte mit der interessanten Kurzbiografie einer ungewöhnlichen Persönlichkeit aus Ihrer Familie beginnen.

Wie würden Sie zum Beispiel Ihre Großeltern vorstellen, wenn Sie nicht viel über sie wissen? Am besten kurz und direkt, wie Elisabeth Castonier (*Stürmisch bis heiter – Memoiren einer Außenseiterin*, Nymphenburger Verlagshandlung 1964) ihr Buch beginnt:

Meine englische Großmutter, Elizabeth, hatte gerade ihren fünfzehnten Geburtstag gefeiert, als mein russischer Großvater, Alexander de Bosse, aus St. Petersburg bei Nachbarn in Sussex einen kurzen Urlaub verbrachte. Sie lernten sich auf einer Tea-Party kennen, bei der nach englischer Sitte Tische und Stühle im Garten auf einen Teppich gestellt wurden, um die Gäste vor dem feuchten Rasen zu schützen.

Bald darauf hielt er um ihre Hand an. Die Hochzeit fand kurze Zeit danach statt, da er, Architekt am Zarenhof, nach Russland zurückkehren musste.

Alexander war sechzehn Jahre älter, ein korpulenter, breitschultriger Mann mit dem damals bewunderten blonden Vollbart, hellblauen Augen, breiten Backenknochen und schönen, ringbedeckten Händen. Sie war eine auffallende Schönheit, groß, überschlank, mit dunklem Haar, dunkelblauen Augen und griechisch strengem Profil. Vielleicht war Elizabeth in Alexander verliebt. Vielleicht glaubte sie, ihn zu lieben. Vielleicht war es nur die ephemere Schwärmerei einer Halbwüchsigen für den soviel älteren, berühmten Mann, den kennenzulernen keine Zeit blieb. Sie ahnte nicht, wie schwer das Leben für sie in einem fremden Land sein würde, in einem palastähnlichen Riesenhaus, umgeben von diensteifriger, primitiv-bäuerlichen Dienerschaft, die ihr bei jeder Gelegenheit die Hand zu küssen versuchte und zu der sie nicht sprechen konnte. Echt englisch, machte sie keinen Versuch, Russisch zu lernen, sondern begnügte sich damit, zu erklären, es wäre eine unmögliche Sprache. Der einzige Mensch, mit dem sie sich durch Gesten verständigte, war Alexanders alte Kinderfrau, Nana, die sie demütig umsorgte. Bis zu ihrem Tod war sie von einem niemals völlig verlöschenden Heimweh nach England erfüllt, das sie nicht wiedersah. Ihr erstes Kind, meine Mutter, Elizabeth, kam ein Jahr später zur Welt.

Wenn Sie wenige oder keine Erinnerungen an Ihre Kindheit haben, helfen Ihnen vielleicht Ihre Tagebuchnotizen oder erste Schulaufsätze, wie Luise Rinser es beschreibt (*Den Wolf umarmen*, S. Fischer Verlag 1981). Sie beginnt:

Ich besuchte keine Klosterschule, so eine gab es gar nicht in Wessobrunn, ich war ja auch nur in den Ferien dort und in den sonstwie schulfreien Zeiten, deren es allerdings viele gab in den Kriegsjahren: Kohleferien, Ernteferien, Siegesfeiertage. Wir wohnten damals ja nur rund dreißig Kilometer entfernt im Dorfe Etting. Und war ich so einsam? Hatte ich keine Freunde dort? Ich las in einem meiner Schulhefte von 1923 einen Aufsatz zum Thema: »Ein Winterabend bei uns daheim.«

Ich schrieb, mein Vater spiele Schach mit einem Kollegen, meine Mutter sei wie meist abends zu den Nachbarn gegangen. »So bin ich mir ganz selbst überlassen. Meistens sitze ich auf einem Schemel und lese. Wenn die Sterne hell scheinen, geh' ich ans Gangfenster und betrachte sie. Hie und da spiele ich auch Klavier. Ich schlage die Tasten ganz leise an, sodass ich geistesabwesend dasitze. Ich träume mich dann in die Schönheit eines italienischen Herbstes, den der Maler Enrico

Serra auf einem Bild über unserm Klavier dargestellt hat.

Haben Sie nur sehr blasse Erinnerungen an Ihre frühe Jugend, aber Fotoalben zum Nachschlagen? Dann lassen Sie sich von Simone de Beauvoir (*Memoiren einer Tochter aus gutem Haus*, Deutsch von Eva Rechel-Mertens, Rowohlt Verlag 1960) inspirieren, die die auf alten Familienfotos abgebildeten Personen in ihrer Autobiografie vorstellt:

Ich bin am 9. Januar 1908 um vier Uhr morgens geboren, und zwar in einem Zimmer mit weißlackierten Möbeln, das zum Boulevard Raspail hin lag. Auf Familienphotographien, die aus dem folgenden Sommer stammen, sieht man junge Damen in langen Kleidern und straußenfedergeschmückten Hüten sowie Herren mit »Kreissägen« und Panamas auf dem Kopf, die einem Baby zulächeln; das sind meine Eltern, mein Großvater, meine Onkel und Tanten – und ich. Mein Vater war damals dreißig Jahre alt, meine Mutter einundzwanzig, und ich war ihr erstes Kind. Ich blättere eine Seite im Album um: Mama hält ein Baby auf dem Arm, doch das bin diesmal nicht mehr ich; ich trage bereits einen Plisseerock und eine Baskenmütze und bin zweieinhalb Jahre alt; inzwischen ist meine Schwester auf die Welt gekommen. Ich war, so scheint es, eifersüchtig, aber nur kurze Zeit. So lange ich mich zurückerinnern kann, war ich stolz darauf, die Ältere und damit die Erste zu sein. Als Rotkäppchen verkleidet, trage ich einen Korb am Arm mit einem Kuchen und einem Topf Butter darin;

ich fühlte mich interessanter als das Baby, das ohne Hilfe noch nicht aus seiner Wiege heraus konnte. Ich hatte eine kleine Schwester, aber der Säugling »hatte« mich nicht. Aus meinen ersten Jahren finde ich in mir nur noch einen unbestimmten Eindruck von etwas, das rot, schwarz und warm ist. Die Wohnung war rot, und rot auch der Moquetteteppich, das Renaissance-Speisezimmer, die gepresste Seide, die die Glastüren verkleidete, sowie die Plüschvorhänge in Papas Arbeitszimmer; das Mobiliar dieser geheiligten Stätte war aus schwarzem Birnbaumholz; ich kroch in die Höhlung unter dem Schreibtisch und hockte dort, in Finsternis gehüllt. Es war dort dunkel, es war warm, und das Rot des Moquetteteppichs stach mir lebhaft in die Augen. So verging meine allererste Zeit. Ich schaute, tastete und machte in warmer Geborgenheit Bekanntschaft mit der Welt.

Die Verbindung von Erinnerung und Fotografien sprechen den Leser direkt an.

George Tabori beschreibt ein lebenswichtiges Ereignis, bei dem er wohl dabei war, an das er sich aber nicht erinnern kann – seine Geburt. (*Autodafé*, Deutsch von Ursula Grützmacher-Tabori, Verlag Klaus Wagenbach 2002)

Fragwürdigen Gerüchten zufolge, ausgestreut von den Damen der Familie, wollte ich nicht geboren werden. O nein, mein Kleinod, du warst recht glücklich in deiner Mutter, sagten sie, ruhend in Uteruswasser und nur dir selbst verpflichtet, sagten sie, glückselig, in Unkenntnis der kalten Welt draußen, als in der Nacht der Ungnade, am 23. Mai im Jahre 1914, deine Mutter einen Lachanfall hatte – nicht, dass sie das Ereignis amüsant gefunden hätte, aber der Hausarzt, ein gewisser Dr. Wehmut; ein kahl werdender Verwandter mit Haaren in den Ohren, hatte ihr geraten zu lachen, nicht fröhlich, als hätte sie etwas Komisches gehört, sondern um die abdominale Spannung zu lösen. Diesem etwas altmodischen Rat folgend, begann sie, wurde gesagt, schallend zu lachen und mich, mit dem Kopf zuerst, in die zuvor erwähnte kalte Welt auszutreiben; in diesem Augenblick stürzte Großmutter Fanny, eine winzige, etwas abergläubische Frau, in das elterliche Schlafgemach – in jenen Tagen fanden Geburten, auch meine, in der Privatheit eines bürgerlichen Heimes statt – und rief, mit den Armen fuchtelnd: »Warte, warte noch ein Weilchen, Elsa. Der 24. morgen ist ein Sonntag, mach es zu einem Sonntagskind.

Mit einer Frage, die sich jeder schon gestellt hat, beginnt auch Virginia Woolf (*Augenblicke*, Deutsch von Klaus Reichert, DVA 1981) und schreibt:

Wer war ich also? Adeline Virginia Stephen, die zweite Tochter von Leslie und Julia Prinsep Stephen, geboren am 25. Januar 1882, entstammt einer langen Reihe von Vorfahren, einige berühmt, andere unbekannt; hineingeboren in eine große Familie, nicht von reichen, aber wohlhabenden Eltern; hineingeboren in eine sehr redselige, literarische, Briefe schreibende,

Besuche machende, typische Gesellschaft des späten neunzehnten Jahrhunderts, sodass ich, wollte ich mir die Mühe machen, eine Menge nicht nur über meine Mutter und meinen Vater, sondern über Onkel und Tanten, Cousins und Cousinen und Freunde schreiben könnte. Aber ich weiß nicht, wie viel oder welcher Teil davon mir das Gefühl gab, das ich im Kinderzimmer in St. Ives empfand. Ich weiß auch nicht, wieweit ich mich von andern Menschen unterscheide. Das ist eine andere Schwierigkeit für den Memoirenschreiber. Denn um sich selbst wahrheitsgemäß zu schildern, muss man einen Vergleichsmaßstab haben: War ich klug, dumm, hübsch, hässlich, leidenschaftlich, kalt? Teils auf Grund der Tatsache, dass ich nie auf einer Schule war, mich niemals mit Kindern meines Alters in irgendeiner Weise gemessen habe, war ich auch nie imstande, meine Begabungen und Mängel mit denen anderer Menschen zu vergleichen. Aber es gab natürlich einen äußeren Grund für die Intensität dieses ersten Eindrucks: das Gewahrwerden der Wellen und der Holzeichel an der Rouleauschnur, das Gefühl – wie ich es mir manchmal selbst beschreibe –, in einem dunklen Blaurot zu liegen und durch einen Schleier von halbdurchsichtigem Gelb zu schauen, das zum Teil auf die vielen Monate zurückzuführen war, die wir in London verbrachten. Der Kinderzimmerwechsel bedeutete eine große Umstellung. Dazu kam die lange Reise mit dem Zug und die Aufregung. Ich erinnere mich an die Dunkelheit, die Lichter, an das Durcheinander beim Zubettgehen.

Marguerite Yourcenar beschreibt in ihrer Autobiografie (*Liebesläufe*, Deutsch von Rolf und Hedda Soellner, Carl Hanser Verlag 1989) wie es vielen geht, die sich an Ihre Kindheit nicht zu erinnern glauben.

Und wie sehr die Natur, Landschaften, Pflanzen, Bäume und Tiere das Kind fürs Leben prägen. Lange habe ich geglaubt, wenig Kindheitserinnerungen zu haben, ich meine damit Erinnerungen an die Zeit vor dem siebten Lebensjahr. Aber ich täuschte mich: Ich kann mir eher denken, dass ich ihnen bisher kaum Gelegenheit gegeben habe, wieder in mein Bewusstsein aufzusteigen. Wenn ich meine letzten Jahre in Mont-Noir noch einmal überprüfe, dann werden wenigstens einige von ihnen allmählich sichtbar, wie die Gegenstände in einem Zimmer mit geschlossenen Fensterläden, das man seit langem nicht mehr betreten hat. Am deutlichsten sehe ich Pflanzen und Tiere wieder, dann Spielzeug sowie die Spiele und Riten, die rings um mich herum sind, schließlich verschwommen, wie im Hintergrund, die Menschen. Ich klettere durch das hohe Gras den steilen Hang hinauf, der zur Terrasse von Mont- Noir führt. Die Heumahd hat noch nicht stattgefunden. Die Wiesen sind übersät von Kornblumen, Klatschmohn und Margeriten, die meine Kindermädchen an die Trikolore erinnern, was mir missfällt, denn meine Blumen sollen weiter nichts als Blumen sein. Wir wussten natürlich nicht, dass dieser »Flandrische Mohn« fünf oder sechs Jahre später zu traurigem Ruhm kommen würde, als Ewiger-Schlaf-Mohn für einige tausend junger, auf diesem Boden getöteter Engländer, Blumen, deren Nachbildungen aus scharlachrotem Seidenpapier heute noch zugunsten einiger angelsächsischer Wohltätigkeitsvereine verkauft werden. (...) Das erste Spielzeug, an das ich mich erinnere, ist ein Tier und zugleich ein heiliges Gefäß, ein magisches Gerät: eine Kuh aus Schwarz- oder Weißblech, vollständig mit einer echten Kuhhaut überzogen und mit einem Kopf, der von rechts nach links schwankte und Muh machte.

Wer eine Autobiografie liest, möchte das Leben anderer kennenlernen. Wenn Sie von Ihrer Kindheit berichten, dann können Sie dies auch aus der Perspektive des Kindes tun, das Sie damals waren. Brigitte Schwaiger (*Der Himmel ist süß*, 1984) beginnt so:

Die erste Frage, die ich meinem Vater stellte und die mir wichtig und ernst war, brachte ihn zum Nachdenken. Dann lachte er. Ich hatte gerade einen Mann in einer grauen Wolljacke gesehen, mit grauer Hose und Schlappen, kurzen Haaren. Müde hängende Schultern, so ging er durch die Gasse. Männer gefielen mir nicht. Sie sahen fast alle gleich aus. Frauen hatten rote Lippen und gingen auf Stöckeln. »Papa, wenn ich groß bin, muss ich dann ein Mann sein oder eine Frau?«
»Eine Frau«, sagte er.
Die Lippenstifte meiner Mutter rochen so gut, dass ich sie aß. Sie waren weinrot. Steife kleine Zungen, die ich herausdrehen konnte, aber nicht zurück. Ihr Parfüm roch, und meine Mutter duftete, wenn sie fertig war. Ich

durfte auch gut riechen, aber wenn ich duftete, roch ich es nicht. Am Nachmittag, wenn ich nicht schlafen konnte, dachte ich mir etwas zur goldenen Statue auf der Kommode aus. Sollte ich es tun oder nicht? Ich nahm die Zahnbürste meiner Großmutter, holte die Statue, tauchte die Zahnbürste ins Lavoir, rieb an der Statue und putzte mir mit Gold die Zähne. Meine Mutter würde vielleicht schimpfen, und es würde nie mehr heruntergehen, aber ich hatte nur kurz überlegt. Dann schaute ich in den Spiegel. Meine Zähne waren noch wie vorher. Als ich wieder eine Schokolade hatte, legte ich mir die Zähne mit Silberpapier aus.

»Auf was die Kinder alles kommen!« sagte meine Mutter.

Sie war aber die schönste Frau. Wenn sie lächelte, funkelte der goldene Zahn. Goldene Ringe hingen ihr von den Ohren. Ein goldenes Kreuz an einer dünnen Halskette. Einen weichen Busen hatte sie und Wasserwellen. Stöckelschuhe. Strümpfe mit Naht. Rote Lippen. Sie roch süß. Meine Großmutter nach Knoblauch. Sie trug eine Gretlfrisur mit Hornkämmen. Mein Vater hatte einen Schnurrbart und Knickerbockerhosen aus Leder, Wollstutzen mit Karo, schwere Lederschuhe, eine lange Ledertasche für seine Spritzen.

Sie können auch mit einem Dialog beginnen, in dem die Personen gleich vorgestellt werden, wie in der Lebensbeschreibung von Colette (*Sido*, Deutsch von Doris Brehm, Zsolnay Verlag 1960). Die Leser lernen auf diese Weise gleich die entschiedene Art ihrer Mutter kennen:

»Und warum sollte ich mein Dorf verleugnen? Das wirst du nie erleben. Du bist recht stolz darauf, mein armes Kätzchen, dass du seit deiner Heirat in Paris wohnst. Ich muss immer darüber lachen, wie stolz all diese Pariser sind, weil sie in Paris leben. Die Alteingesessenen halten diese Tatsache für einen Adelstitel, die Zugereisten sehen darin eine Rangerhöhung. Wenn man es so betrachtet, müsste ich mich rühmen, dass meine Mutter auf dem Boulevard Bonne-Nouvelle geboren ist! Du trägst die Nase hoch, weil du einen Pariser geheiratet hast. Was ist schon ein Pariser. … Die gebürtigen haben von vornherein charakterlose Gesichter – es scheint, dass Paris sie ihnen verwischt!«

Sie unterbrach sich und hob die Tüllgardine, die vor dem Fenster hing. »Aha, da stolziert Mademoiselle Thevenin mit ihrer Pariser Cousine durch sämtliche Straßen. Sie muss nicht erst lang erzählen, dass diese Dame Queriot aus Paris kommt: das erkennt man an ihrem üppigen Busen und an den kleinen Füßen mit viel zu zarten Gelenken für dieses Körpergewicht. Und dann die dreifache Halskette, die schön frisierten Haare … Ich weiß auf den ersten Blick, dass diese Dame Queriot in einem großen Kaffeehaus an der Kasse sitzt. Eine Pariser Kassiererin putzt nur ihren Oberkörper heraus, das übrige sieht ja niemand. Außerdem bewegt sie sich zu wenig und setzt um den Magen herum Fett an. In Paris siehst du viele von der Sorte – diese Damen ohne Unterleib.«

Wenn Ihre Erinnerungen erst später in Ihrem Leben einsetzen, beginnen Sie gleich mit einem Erlebnis, das den Leser fesselt wie es Gabriel Garcia Márquez (*Leben, um davon zu erzählen,* Deutsch von Dagmar Ploetz, Kiepenheuer & Witsch 2002) gelingt:

> Meine Mutter bat mich, sie zum Verkauf des Hauses zu begleiten. Sie war morgens in Barranquilla eingetroffen, kam aus dem fernen Städtchen, in dem die Familie wohnte, und hatte keine Ahnung, wie sie mich finden sollte. Sie fragte hier und dort bei Bekannten nach, und man gab ihr den Hinweis, in der Buchhandlung Mundo oder in den Cafés der Umgebung zu suchen, wo ich mich zweimal täglich mit meinen Schriftstellerfreunden zu treffen pflegte. Der das sagte, warnte sie: »Nehmen Sie sich in acht, die sind völlig durchgedreht.« Punkt zwölf war sie da. Mit ihrem leichtfüßigen Schritt bahnte sie sich den Weg durch die Büchertische, stand vor mir, schaute mir mit dem schalkhaften Lächeln ihrer besten Tage in die Augen und sagte, noch bevor ich reagieren konnte: »Ich bin deine Mutter.«

Wenn die Mutter Ihren Sohn begrüßt und – sich als seine Mutter vorstellt, möchten wir sofort weiter lesen, um mehr zu erfahren. Lassen Sie sich von den 300 Fragen zu Ideen anregen, mit welchem ungewöhnlichen Ereignis Sie Ihre Autobiografie anfangen können. Andere Fragen erinnern Sie vielleicht an wichtige politische Ereignisse in Ihrer Jugend, historisch bedeutsame Entwicklungen, neue technische Errungenschaften, die das Leben Ihrer Familie verändert haben.

»In einer guten Autobiografie ist immer, zuweilen zwischen den Zeilen, zusammen mit dem Selbstporträt des Autors auch das Bild der Epoche enthalten, in der sich sein Leben abgespielt hat«, sagt Marcel Reich-Ranicki.

Greifen Sie ein dramatisches Ereignis oder einen wichtigen Zeitabschnitt heraus, mit dem Sie beginnen – wie es Charlotte von Mahlsdorf getan hat:

Die dreißig Skinheads näherten sich Mahlsdorf mit Eisenstangen, Gaspistolen, Leuchtspurmunition und herausgebrochenen Zaunlatten. Ich spähte aus dem Fenster meines Gründerzeitmuseums in den Garten. An den Wäscheleinen schaukelten Monde aus Papier im Wind. Die rund achtzig noch verbliebenen Gäste feierten ein unbeschwert-harmonisches Frühlingsfest: Die Tina-Turner-Dublette hatte sich schon abgeschminkt, auch die Bauchtänzerin wippte nicht mehr vor den Gästen, sondern stand mit ihnen an der Cocktailbar. Würstchen wurden gegrillt, Schwule und Lesben tanzten, und der Mond schien wie auf einer Kitschpostkarte durch die Bäume des Parks. Schnell noch das Licht ausmachen und mal draußen gucken, dachte ich. Den ganzen Abend hatten meine Mitarbeiterin Beate und ich an diesem Maitag 1991 Gäste von nah und fern im Halbstundentakt durchs Museum geführt. Die letzte Lampe kaum gelöscht, hörte ich jenes Geräusch, klirrend hell, gegen das ich seit nunmehr vierundfünfzig Jahren allergisch bin: zersplitterndes Glas. Ein junger Mann stürmte, blass wie eine Leiche, ins Museum. »Du musst die Polizei rufen!« […]

Eine Stunde später ging ich mit der Taschenlampe in den Garten, sah die zerschlagenen Stände, die Flaschenscherben, den zerstörten Plattenspieler und die zertrümmerte Musikbox. Ich fegte die Scherben der Kellertürscheiben vom Parkweg und dachte: Wie sich die Bilder gleichen!

Damals fuhr ich mit der Straßenbahn durch Mahlsdorf-Süd Richtung Köpenick und sah aus dem Fenster: Der Lebensmittelladen Egona war ebenso zerschlagen wie das jüdische Seifengeschäft Wasservogel, auch das jüdische Kaufhaus Cohn in Köpenick hatte keine Fensterscheiben mehr. Die Straßenbahn hielt in der Altstadt, direkt gegenüber einem Textilgeschäft. Die junge Inhaberin, tränenüberströmt, fegte die Reste ihrer Habe zusammen. Drei SA-Männer standen breitbeinig neben ihr: »Du olle Judensau, jetzt lernste endlich mal arbeiten.« Ich war so wütend, krallte meine Hand um eine Haltestange in der Bahn. Sie traten die Frau mit ihren schweren Stiefeln in die Hüfte, sie fiel in die Glasscherben. Die Straßenbahn fuhr weiter. Als ich von der Schule zurückkam, waren alle Geschäfte mit Brettern vernagelt. Es war der Morgen des 10. November 1938. [...]

In Mahlsdorf, einem verträumten Dörfchen am Ostrand Berlins, hatte ich zehn Jahre zuvor, am Sonntag, dem 18. März 1928, das Licht der Welt erblickt. Ich, Lothar Berfelde.

Zwei Techniken sind an diesem Buchanfang bemerkenswert: Schon der erste Satz lässt Furchtbares ahnen, der Neonazi-

Überfall von 1991 ist dramatisch und zieht den Leser sofort in die Erzählung hinein. Darüber hinaus stellt er aber auch die Verbindung zur Jugend der Autorin her und endet mit einem Paukenschlag, nämlich mit dem überraschenden Hinweis auf ihren männlichen Geburtsnamen. Das alles steht auf zweieinhalb Seiten. (Charlotte von Mahlsdorf: *Ich bin meine eigene Frau – Ein Leben*, Edition diá, 1992)

Nicht jeder hat so viel Dramatisches zu berichten, wenn er eine ganz normale behütete Jugend erlebt hat. Der Ort der Jugend kann ein guter Beginn sein, wie Hanns-Josef Ortheil in *Die Erfindung des Lebens*, Luchterhand Verlag, zeigt:

> Damals, in meinen frühen Kindertagen, saß ich am Nachmittag oft mit hoch gezogenen Knien auf dem Fensterbrett, den Kopf dicht an die Scheibe gelehnt, und schaute hinunter auf den großen ovalen Platz vor unserem Kölner Wohnhaus.

Was lässt sich zum Beispiel über die Jugendzeit eines Mädchens auf einem Gut in der märkischen Heide erzählen? Auch mit diesem Anfang sind Sie gleich mittendrin:

> Städter waren in Vaters Augen eine Heimsuchung, eine Landplage, schlimmer als Rüsselkäfer und Waldbrände. »Dieses Volk« spazierte durchs Dorf wie durch einen Zoo, drang ungebeten in Ställe und Gärten, gaffte durch offenstehende Fenster und benutzte die Hochsitze als Liebesversteck. »Diese Leute« trampelten durch das Getreide und über die Wiesen, als seien es Landstraßen,

39

rissen Pilze mit Stumpf und Stiel aus dem Boden, schlossen nie ein Koppeltor hinter sich und brachten es sogar fertig, auf einem Wildschweinwechsel zu zelten, worüber eine Bache mit Frischlingen so in Harnisch geriet, dass sie das Zelt niedertrampelte. Sie verstießen gegen jede gute Sitte, indem sie nur mit einer Badehose bekleidet ins Dorf kamen, und provozierten Mutter, die sich gern in vieles mischte, zu der Bemerkung: »Wir sind hier schließlich nicht im Busch.« Sie mäkelten an allem herum, was sie im Dorf einkauften – »Die Milch sieht ja ziemlich wässerig aus!« – »Sind die Eier auch wirklich frisch?« –, und gingen in trockenen Sommern reichlich sorglos mit Streichhölzern und Feuer im Wald um. […] Trotzdem nannten die Städter unser Dorf ein »reizendes Fleckchen Erde«, ein »nettes kleines Anliegen«, werteten unser Forsthaus zum »Herrenhaus« und Vaters Baumschule zum »Park« auf. Wenn sie Vater im Wald beim Aufforsten trafen, schenkten sie ihm eine Zigarre und sagten: »Schwere Arbeit, guter Mann. Wo wohnt denn hier der Graf?«

Vater tat alles, um sie sich vom Leibe zu halten. Er weigerte sich, den Weg ins Nachbardorf, der so voller Löcher war wie ein Karnickelbau voller Gänge, ausbessern zu lassen, und lächelte zufrieden, wenn er beim Kaffeetrinken auf der Veranda aus der Ferne das Aufheulen eines Motors hörte. »Schon wieder einer festgebuttert. Ja, ja, Stadt und Land Hand in Hand.«

Um so unverständlicher war es für die Familie, dass ausgerechnet er sich breitschlagen ließ, ein kleines Haus am Dorfeingang an einen Städter zu vermieten. Er war denn auch so entsetzt über seine Tat, dass er stöhnte: »Trudel, ich muss verrückt gewesen sein.«

Ilse Gräfin von Bredows Lebenserinnerungen (*Kartoffeln mit Stippe*, Scherz Verlag 1979) aus den dreißiger Jahren in der Mark Brandenburg sind ein wertvolles Zeitzeugnis. Der trockene Humor und die Selbstironie der Autorin machen das Buch zu einem Lesevergnügen.

Szenen beschreiben

In Ihrer Autobiografie erzählen Sie viele verschiedene Geschichten aus Ihrem Leben. Eine Szene reiht sich an die andere und wird zu einem Puzzle aus Texten. Aus szenischen Einzelbildern entsteht später in Ihrer Zusammenfassung ein Ganzes. In Szenen wird vom Geschehen innerhalb eines kurzen Zeitabschnitts berichtet, von Gesprächen, seelischen Reaktionen, Geräuschen, Gerüchen.

Eine Szene ist wie eine Nahaufnahme, nur unmittelbar dazugehörige Einzelheiten sind erkennbar. Als Fotograf und Erzähler gehen Sie so dicht wie möglich an das Geschehen heran, dabei wird der Hintergrund, die Umgebung unscharf. Dafür werden die Figuren deutlich sichtbar und plötzlich hört man auch, worüber sie sprechen. Was die Personen bewegt, erfährt der Leser nicht nur durch das, was gesprochen wird, auch die Beschreibung von Körperhaltung und der Tonlage der Stimme ergänzt die Erklärung einer Situation.

Eine Szene beginnt oft mit der Beschreibung der Zeit, über die man berichten möchte, zum Beispiel: »In einer Mondnacht im Herbst«, »Am Karfreitag«, »Zum Geburtstag meiner Mutter« oder »Am Weihnachtstag 2009 um vier Uhr nachmittags«.

Sie dürfen sich aber nicht nur auf die einzelnen Szenen verlassen, damit der Text spannend und interessant wirkt. Auch eine Zusammenfassung oder zeitliche Raffung kann die Geschichte voranbringen und größere Zeitabstände überbrücken.

SINNLICH SCHREIBEN

Beschreiben Sie eine Melodie, zitieren Sie eine Zeile aus Ihrem Lieblingsgedicht, erwähnen Sie die Stimmung eines Gemäldes, einen bestimmten Duft, den Geschmack von Himbeerbonbons oder Lakritz mit Pfefferminzfüllung. Es sind die kleinen Einzelheiten, die einer Situation zusätzlich Atmosphäre geben. Sprechen Sie alle Sinne Ihrer Leser an.

Suchen Sie in Ihrer Erinnerung nach sinnlichen Erfahrungen und setzen Sie sie bewusst ein. Fragen Sie auch nach den kleinen Freuden und Genüssen: Was habe ich früher leidenschaftlich gern gegessen, warum bedeutet mir eine Jahreszeit mehr als die anderen, auf welche Süßigkeiten war ich verrückt, seit wann liebe ich den Duft von zerriebenen Geranien- und Efeublättern, welche Musik konnte ich tagelang in Konzertlautstärke hören, nachsingen? Erleben Sie selbst alles noch einmal – so locken Sie Ihre sinnlichen Erinnerungen aus der Tiefe des Unbewussten und können sie den Leser nachempfinden lassen.

Riechen, Hören und Fühlen lassen sich auch als Metapher einsetzen:

Die eisige Zugluft, die Ihr Gesicht beim Abschied auf dem leeren Bahnhof streift, der Hall der Lautsprecher, der sich an den gekachelten Wänden bricht und der Geruch von feuchtem Zigarettenrauch kann einen Abschied in Gefühl übersetzen, ohne dass man konkret wird.

In Kreativ-Schreiben-Kursen heißt es »Zeigen, nicht erzählen«. Wie viel dramatischer wird eine Szene, wenn Sie statt »und dann begann Vater loszubrüllen und mit der Faust auf den Tisch zu schlagen« beschreiben, wie sich sein Gesicht verfärbt, die linke Ader seitlich der Stirn blau anschwillt, seine

Stimme versagt und er anfängt zu keuchen etc. Oder Sie beschreiben wie sich Mutters Schreikrampf anhört, bei dem sie die Stoffserviette zerreißt – statt lapidar zu erklären, dass Ihr Vater cholerisch war und Ihre Mutter zu hysterischen Anfällen neigte.

Ungewöhnliche Details machen eine Geschichte so lebendig, dass der Leser sich hineinversetzen kann. Am besten sind Sie als Erzähler, wenn Sie beides versuchen: Das Zeigen *und* das Erzählen. Wenn dann noch die Dosierung stimmt, sind Sie perfekt.

Benutzen Sie dazu alles, was die Sinne anregt. Lassen Sie Düfte und Klänge sprechen. Und vergessen Sie auch nicht dem Tastsinn eine Stimme zu geben: jene kräftige oder zartgliedrige Hand, die über das sonnenwarme glatte Haar des Kindes streicht, das Sie einmal waren. Denn Sinnlichkeit hat nicht nur etwas mit Erotik und Sex zu tun.

DETAILS VERRATEN

In Schreibkursen und -seminaren wird Autoren erklärt, warum die Beschreibung von Details in ihrem Text wichtig ist: weil sie einer Erzählung die nötige Glaubwürdigkeit gibt. Und weil Details helfen, eine Situation oder einen Charakter besser kennenzulernen. Wenn ich erfahre, ob jemand nach Lavendel oder anderen Blüten duftet oder ob eine Frau ein schweres süßes Moschusparfüm benutzt, kann ich mir gleich ein Bild von ihr machen. Was für die Belletristik gilt, hat auch in Ihrer Autobiografie oder Ihren Memoiren eine wichtige Aufgabe. Nur übertreiben dürfen Sie nicht. Das heißt, gehen Sie sparsam mit der Beschreibung von Details um, damit Sie nicht von dem ablenken, was Sie sagen wollen. Es gibt Menschen, die bei bestimmten Gelegenheiten – wenn sie verlegen oder gelangweilt sind – zwanghaft reagieren. Dazu gehören Süchte und Ticks wie Kettenrauchen, der Griff nach der hochprozentigen Gesundheitsmedizin, die Batterie Underberg im Kühlschrank, das Händereiben, das Nägelknabbern, das automatische Haarzurückstreichen, sich ins Gesicht greifen – kleine nervöse Gesten, die mehr über den Menschen sagen als das, was er sonst äußert. Auf diese Weise lernen Ihre Leser Menschen kennen, die sie nie zuvor gesehen haben.

Um die Bekanntschaft noch zu vertiefen, beschreiben Sie gleichzeitig die Kulisse, in der jene Menschen leben, ihre Wohnung, Arbeitsstelle, den Lieblingsferienort oder ihre Nachbarn und Freunde – mit all den Kenntnissen, die sie als Nahestehender oder Angehöriger haben. Auch dadurch erfährt der Leser, welche Einstellung Sie zu der beschriebenen Person haben.

DIALOGE EINSETZEN

Gute Szenen verlangen gute Dialoge. Hören Sie Gesprächen in Cafés, in der S-Bahn oder bei der Kfz-Anmeldestelle zu. Es genügt allerdings nicht, einen Dialog eins zu eins, so wie Sie ihn gehört haben, zu Papier zu bringen. Gespräche enthalten eine ganze Menge uninteressante Banalitäten und Wiederholungen. Sie müssen also filtern und verdichten, um Spannung und Interesse zu erhalten, die den Leser zum Weiterlesen motivieren.

Ob ein Dialog echt klingt, testen Sie, indem Sie Ihren Text sich oder anderen laut vorlesen. Verzichten Sie auf die beliebte Reihenfolge von »sagte, fragte, antwortete«: Wenn Sie in der wörtlichen Rede zeigen wollen, dass nun der andere spricht, beginnen Sie einfach eine neue Zeile. Bei einer Unterhaltung zu zweit müsste das eigentlich in den meisten Fällen genügen, ansonsten erwähnen Sie einfach einmal den Namen eines Dialogpartners.

Beliebt sind malerisch ergänzende Verben oder andere hübsche Anhängsel an eine wörtliche Rede:

»Aber jederzeit«, *lachte* er.

»Du bist schön wie ein Morgen im April«, *hauchte* sie.

»Wo wäre ich denn jetzt, wenn ich auf Mutter gehört hätte«, *schleuderte* sie ihm mit *verzweifelter* Stimme entgegen.

»Sie gehören also auch dem Hochadel an«, *wiederholte* der Kommissar *in zynischem Tonfall*. Solche Zusatzinformationen gehören mit in die Beschreibung der Figur.

Nach vielen Jahren erinnert man sich nicht mehr an wörtliche Formulierungen während einer aufgeregten Diskussion oder eines Streites, vielleicht aber an einen einzelnen Satz, um den herum man das Gespräch rekonstruiert.

Sinngemäß nachempfundene Zitate verlieren an Kraft und müssen kritisch daraufhin geprüft werden, ob sie die Aussage Ihrer Erinnerung tatsächlich betonen. Übrigens kann die indirekte Rede mit guten Dialogen nicht mithalten.

Ihre eigene Stimme

Jede Stimme hat ihren besonderen Klang, Rhythmus und Melodie, Höhe und Tiefe. Sie verändert sich durch die Betonung und Lautstärke bei Zorn, Freude, Empörung oder Aufregung. Genau so möchte sich der Leser von Ihrer inneren Stimme angesprochen fühlen. Die Stimme in Ihrer Lebensbeschreibung besteht nicht nur aus Worten, sie ist gleichzeitig ein Teil des Erzählers. Nur wenn Sie sich frei machen von Ihren eigenen hohen Erwartungen, können Sie auch Ihre Erzählstimme befreien. Gelingt das nicht, wird der Leser spüren, dass Sie etwas zurückhalten. Er spürt Ihre Unsicherheit – als ob Sie ihm etwas verschweigen – und er hat den Verdacht, dass ihm eine zensierte Geschichte vorgesetzt wird.

Sie haben schon am Anfang Ihrer Arbeit die Form, in der Sie Ihre Geschichte erzählen möchten, als Ich- oder Erzähler in der dritten Person, gewählt. Nun bestimmen Sie auch Ihren Erzählton: Sie können humorvoll, ironisch, aggressiv oder resigniert-melancholisch klingen. Nur eines dürfen Sie nicht – den Leser missbrauchen, indem Sie versuchen, ihn auf Ihre Seite zu ziehen, sein Mitleid und einen Verbündeten zu gewinnen.

Außerdem: Vermeiden Sie triumphierende oder abfällige Bemerkungen, von denen sich Ihr Leser unangenehm berührt fühlen könnte. Erzählen Sie, indem Sie ehrlich beschreiben wie es war, nur so verfangen Sie sich nicht in Widersprüche.

In unseren Erinnerungen suchen wir nach Erklärungen dafür, wie es kam, dass unser Leben eine bestimmte Richtung genommen hat. Wir stellen uns Fragen, die nur wir selbst beantworten können und deren Antwort uns vieles, was in der Vergangenheit war, verständlicher macht.

Die nachdenkende Stimme wird gern in der dritten Person eingesetzt, um Abstand zu sich selbst herzustellen. Sie sollte in Ihrer Autobiografie oder Ihren Memoiren nicht pathetisch wirken, eher humorvoll-selbstironisch oder eben einfach reflektiv. Ein Beispiel: Sven hatte den Zusammenstoß mit den Schwiegereltern vorausgesehen. Warum war er nicht einfach zu Hause geblieben? Warum hatte er nicht erklärt, dass er noch für die Klausur arbeiten müsse?

Durch Fragen wie: »Warum ist sie damals nicht von zu Hause weggelaufen?«, »Hätte es vielleicht eine andere Möglichkeit als ein Internat gegeben?« oder »Wie konnte es dazu kommen?« beziehen Sie den Leser in die damalige Situation mit ein und erzeugen auch eine gewisse Spannung.

Die Geister der Vergangenheit

Jeder Autor, der seine Erinnerungen aufschreibt, wird dabei irgendwann seelischen Schmerz empfinden und leiden: Verlust, Reue, Demütigung, Versagen, was war, wird wieder gegenwärtig. Frühere Erlebnisse, die verdrängt und weggeschlossen worden waren, belasten den Erzähler nun noch einmal. Oft wird durch ein ungewöhnliches Ereignis, eine starke sinnliche Erfahrung, eine Melodie, einen Geschmack, einen Geruch Verdrängtes wie eine Flutwelle freigesetzt.

Auch Sie werden auf einen solchen Punkt in Ihrer Erinnerung treffen. Das kann die Beerdigung Ihrer geliebten Großmutter und die banalen Gespräche der Verwandtschaft danach beim Kalbsschnitzelessen sein. Das kann der Abschied von Ihrem Vater auf dem kleinen Flugplatz sein, bei dem Sie von der Ahnung überwältigt wurden, dass es kein Wiedersehen geben würde. Trauern Sie, und schreiben Sie darüber ohne nachzudenken. Werden Sie ganz Gefühl und Schmerz, erleben Sie noch einmal, was Sie erschüttert hat. Denn das ist der Augenblick der Wahrheit und der Ehrlichkeit sich selbst und all jener anderen gegenüber, denen Sie in Ihrem Leben begegnet sind. Lassen Sie Ihr Gefühl frei und die Tränen laufen.

Zusammenfassung und Kritik

Irgendwann, wenn Sie genug Texte beisammen haben, denken Sie darüber nach, wie Sie das gewonnene Material miteinander verbinden und zusammenfassen wollen: chronologisch oder thematisch? Wenn Sie sich noch immer nicht entscheiden können, schreiben Sie ein Exposé oder ein Inhaltsverzeichnis oder eine Liste mit Stichworten zu den Themen, die Sie in Ihren Texten behandelt haben. Bei dieser Arbeit wird meist deutlich, welche Texte in welcher Form zusammengehören.

Sind Sie danach immer noch unsicher, dann trösten Sie sich damit, dass Sie später, bei der Überarbeitung wieder voll in den Text einsteigen und so einen Überblick erhalten, welche Abschnitte Sie zusammenfügen, woanders einbauen oder welche eher zu einem anderen Thema passen. Das ist dann leichter und gelingt besser, wenn Sie gefühlsmäßig nicht mehr so überwältigt sind wie beim Schreiben und Ihre Texte auch aus der Distanz des Lesers betrachten können.

Schreibkurse, Werkstätten, Studiengänge, Lehrer und Dozenten können in dieser Phase weiterhelfen, manchmal auch zwanglose, private Schreibgruppen, Gruppen von Gleichgesinnten, die nicht nur Unterstützung anbieten, sondern auch faire und nützliche Kritik üben können.

Selbst wenn man dort selten die Profis des Literaturbetriebs antrifft, finden Sie motivierte und interessierte Leser, die intuitiv die Lücke in einer fremden Lebensgeschichte erkennen oder nach mehr Erklärung für eine Lebensentscheidung fragen, mehr Hintergrundinformation verlangen.

In einer Gruppe kann sich eine Diskussion entwickeln, in der Ihre Text hoch gelobt – oder vernichtend beurteilt werden.

Der Journalist und Sachbuchautor Roy Peter Clark empfiehlt in *Die 50 Werkzeuge für gutes Schreiben* mit Kritik sorgfältig umzugehen, sie ernst zu nehmen. Seine Tipps:
»Lassen Sie sich nicht auf eine Diskussion über Geschmacksfragen ein. Geben Sie dem Reflex, Ihr Werk gegen negative Kritik zu verteidigen, nicht nach. Erklären Sie dem Kritiker, was Sie vorgehabt haben. Verwandeln Sie einen Streit in ein konstruktives Gespräch.«

Clark berichtet von einer Lesung, bei der ein angehender Autor scharf angegriffen wurde. Der jedoch reagierte souverän: »Er sah jedem Kritiker in die Augen, hörte ruhig zu, machte sich Notizen und bedankte sich anschließend. Er war froh über jeden Kommentar, der ihm half, sich zu verbessern – selbst wenn die Kommentare an Taktlosigkeit grenzten.«

Und falls eine Kritik persönlich wird, empfiehlt Clark zu prüfen: »Was in der Geschichte kann eine solche Verärgerung hervorgerufen haben?«

Informieren Sie sich bei der Volkshochschule, im Internet in Schreibforen. Suchen Sie Kontakte.

ÜBERARBEITEN

Sie haben es geschafft. Die erste Fassung Ihrer Lebensbeschreibung ist fertig. Vielleicht sind Sie emotional so erschöpft, dass Sie etwas Abstand gewinnen möchten, bevor Sie kritisch an die Überarbeitung gehen. Vielleicht sind Sie so »im Stoff«, dass Sie gleich mit der Überarbeitung anfangen. Sie wollen sich davon überzeugen, dass alles, was Ihnen wichtig war, tatsächlich enthalten ist.

Überarbeiten kann heißen:

Neu gliedern, eine andere Zuordnung der Ereignisse entwerfen, die Reihenfolge verändern, weil Sie bestimmte Verbindungen und Entwicklungen anders betonen möchten. Wenn Sie mit dem Computer arbeiten, ist das kein Problem. Schreibmaschinen- oder handschriftliche Texte sind etwas schwieriger zu bändigen. Manche Autoren zerschneiden ihren Text, kleben die Absätze neu zusammen und fotokopieren die Seiten. Danach geht es an die stilistische Überarbeitung. Sie fahnden nach Wiederholungen, nach Beschreibungen, die Sie unter verschiedenen Aspekten erzählt haben und gewichten den Wert der Aussage, bevor Sie entscheiden, auf welche Sie verzichten. Sie spüren alle Ihre Lieblingsbegriffe und Phrasen auf und ersetzen Füllwörter und Redensarten, überflüssige Adjektive und steife Substantive, die dutzendfach Ihr Manuskript bevölkern.

Sie werden sich wundern, was sich heimlich und unkontrolliert im Text eingenistet hat. Kein Grund zur Sorge, schließlich ist die erste Fassung bewusst »aus dem Bauch« geschrieben, damit der Strom der Erinnerung ungehindert von Selbstkritik an Ausdruck und Stil weiter fließen konnte.

»Das Überarbeiten ist die Essenz guten Schreibens. Hier entscheidet sich, ob man gewinnt oder verliert«, erklärt W. Zinsser in *Nonfiction schreiben* und er erläutert auch, warum es uns so geht: »Wir hängen alle an unserer ersten Fassung; wir können nicht glauben, dass sie mit Mängeln zur Welt gekommen ist. Aber die Wahrscheinlichkeit, dass sie nicht perfekt ist, liegt bei fast 100 Prozent. Die meisten Autoren sagen nicht gleich das, was sie sagen wollen, oder sie sagen es nicht so treffend, wie sie es könnten. Der frischgeschlüpfte Satz enthält fast immer irgendwo eine Schwachstelle. Er ist nicht eindeutig. Er ist nicht logisch. Er ist schwatzhaft. Er ist linkisch. Er ist eitel. Er ist langweilig. Er ist voller Ballast. Er ist voller Klischees. Er hat keinen Rhythmus. Er kann unterschiedlich verstanden werden. Er folgt nicht logisch auf den vorherigen Satz. Er … Ich will darauf hinaus, dass ein aussagekräftiger Text das Ergebnis langer Bastelei ist.«

Viele Autoren geben sich und Ihrem Text etwas Zeit, wenn Sie mit der Überarbeitung fertig sind, damit sie ihn später distanziert wie ein Fremder lesen können. Vielleicht möchten Sie einen Profi um seine Meinung und Hilfe bei der Endfassung Ihres Manuskripts bitten. Gegen ein Honorar stehen Ihnen dazu freiberufliche Lektoren und Korrektoren aus der Buchbranche zur Verfügung. Im Internet finden Sie Kontaktadressen in der »Dienstleister-Datenbank« auf www.Autorenhaus. de. Wie bei anderen Geschäftsbeziehungen sollten Sie auch hier Leistung und Preis vergleichen und einen Abgabetermin vereinbaren, damit beide Seiten zufrieden sind.

Wenn Sie in ihrem Familien- und Freundeskreis einen Deutschlehrer haben, sind Sie glücklich dran. Erwarten Sie jedoch auch von ihm keine kostenlose Leistung.

III. WAHRHEITEN

Die Erzählung vom eigenen Leben verwandelt sich unter der Hand in eine Ansammlung von Legenden. Der Klassiker des Genres, Jean-Jaques Rousseau, hat mit seinen »Bekenntnissen« ein Meisterwerk geschrieben, und was ist dabei herausgekommen? Ein Lügengewebe.

Hans Magnus Enzensberger

IHRE EIGENE WAHRHEIT

Beim Schreiben einer Autobiografie, von Memoiren oder Erinnerungen verwischt oft die Grenze zwischen Wahrheit und Fantasie. Wie sollten Sie sich nach Jahrzehnten noch wörtlich an ein Gespräch erinnern, das Ihre Eltern mit Ihrem Patenonkel über Sie geführt haben und das Ihr Leben verändert hat? Womöglich müssen Sie etwas dazuerfinden, um die damalige Situation glaubwürdig zu beschreiben.

Außerdem könnten Sie die äußere Erscheinung, die Größe oder Haarfarbe Ihres Onkels verändern, um sich Beschwerden oder gar Klagen zu ersparen. Mit solchen Vorsichtsmaßnahmen sind Sie schon fast auf der Spur eines Schriftstellers, der sich Figuren ausdenkt.

Schriftsteller, die professionell Biografien über das Leben von Prominenten schreiben, ordnen manchmal Ereignisse chronologisch anders ein, überspringen oder raffen mehrere Jahre, um Spannung zu erhalten. Das dürfen auch Sie mit Ihrer Lebenserzählung tun. Nur müssen Sie in Ihrer Autobiografie in den *wesentlichen* Aussagen bei der Wahrheit bleiben, weil Sie dem Leser nicht ein falsches Bild von sich und Ihrem Leben geben wollen. In Ihrer Geschichte, von der Sie ja behaupten, sie sei echt, sollten Sie das, worauf es ankommt, weder beschönigen noch manipulieren. Es könnte Sie beim Schreiben verunsichern und falsche Töne und Unglaubwürdigkeit in Ihren Text bringen. Nebenbei: Es wäre mehr als peinlich, wenn man Sie in Ihrer eigenen Lebensgeschichte als Ich-Erzähler bei einer wichtigen Aussage mit einer Lüge erwischen würde.

UMGANG MIT DER WAHRHEIT

Die Wahrheit sagen oder niederschreiben, das klingt nach Verhör und Rechenschaft ablegen. Es ist aber zuerst einmal eine geheime Befragung zwischen Ihrem Ich und Ihrer Erinnerung. Niemand hört und liest mit, wenn Sie niederschreiben, woran Sie sich erinnern. Sie können also ganz ehrlich sein und später immer noch überlegen, ob Sie Rücksichten nehmen wollen. Sie fragen sich selbst und begegnen sich als Autor und gleichzeitig als Hauptfigur im Roman Ihres Lebens.

Wahrheit ist die Basis für Vertrauen und das brauchen Sie, auch sich selbst gegenüber, wenn Sie zu Papier bringen wollen, was Sie erlebt haben.

Dennoch kann es geschehen, dass Ihre Wahrheit sich von der Ihrer Familie oder Freunde unterscheidet, ja sogar als falsch empfunden wird. Auch Zeugenaussagen bei einem Unfall weichen oft so stark voneinander ab, dass sie mehr verwirren als Klarheit bringen.

Aber am Anfang vertrauen Sie zuerst einmal allein Ihrer eigenen Wahrheit, so wie sie Ihnen beim Schreiben zufliegt. Wenn Sie unsicher sind bei der Beschreibung, wird Ihnen der Dialog, die wörtliche Rede helfen. Dann lassen Sie die Figuren aus Ihrer Vergangenheit selbst sprechen. Vor allem dann, wenn Sie in der ersten Person als „Ich" schreiben. Versuchen Sie sich zwischendurch immer wieder an genaue Formulierungen zu erinnern. Oft wird beim Schreiben der Dialoge die Wahrheit von damals wieder lebendig.

RACHE IST NICHT IMMER SÜSS

Demütigung, Ungerechtigkeit, Niederlagen, Abweisung, Enttäuschungen und Verrat sind Erlebnisse, die wahrscheinlich jeder von uns in seinem Leben irgendwann überstehen musste. Wir können solche Schmerzen verdrängen, aber selten vergessen. Sie warten verborgen im Untergrund unserer Seele auf einen Augenblick, an dem sie ausgesprochen werden können. Überlassen Sie ihnen nicht uneingeschränkten Platz in Ihrer Autobiografie oder Lebenserinnerung. Versuchen Sie stattdessen beim Schreiben eine solche Situation so darzustellen, dass sie sich selbst erklärt:

Womit hat ein Konflikt angefangen, was hat dazu geführt, warum ist es so weit gekommen? Sie arbeiten Ihren Vorrat an Bitterkeit auf und vermeiden den Eindruck, etwas aus Rachegefühlen niedergeschrieben zu haben. Wenn der Leser Ihrer Erinnerungen den Eindruck bekommt, es ginge Ihnen um eine Abrechnung, wird er Ihre Geschichte als einseitig, parteiisch und unglaubwürdig ablehnen.

Sollten Sie jedoch von Ihren bitteren Erinnerungen überwältigt werden, dann wehren Sie sich nicht dagegen. Erlauben Sie sich spontan und anklagend, aus tiefsten Herzen heraus alles aufzuschreiben, was Sie empfunden haben oder heute noch empfinden. – Aber nur, um dieses Kapitel erst einmal für eine ganze Weile ruhen zu lassen und es später, mit zeitlichem Abstand kritisch zu lesen. Es hilft Ihnen im Augenblick, Ihre Emotionen abzubauen und wenn Sie sich ans Überarbeiten machen, können Sie immer noch streichen, ohne Authentizität und Spannung zu verlieren.

Vielleicht ist aber im Hintergrund immer noch der Wunsch

verstehen zu wollen, warum andere uns schaden oder sogar vernichten wollten. Was ist die Wahrheit? Ist es meine Sicht oder gibt es noch eine andere, ebenso ehrlich empfundene? Ist mein Urteil berechtigt? Sie könnten im Zweifel bei erbitterten Familiendramen andere Familienangehörige befragen und so zusätzliche Erklärungen finden. Zuletzt aber gibt es doch nur einen Menschen, der jene Szene oder Konfrontation eben so empfunden hat und das sind Sie. Es ist Ihre Lebensgeschichte und dass sie subjektiv aus Ihrer Sicht erzählt wird, ist nur selbstverständlich. Trotzdem gibt es immer noch eine Barriere zu überwinden: die Angst, dass man zu viel von sich preisgibt, dass man gerade in dem Augenblick, in dem man sein Handeln erklären möchte, sich selbst verrät. Es ist wie beim Tagebuchschreiben, wo der seelische Druck die Wahrheit aus der Seele herauspresst und doch die Furcht da ist, dass fremde Augen uns entziffern könnten. Nicht umsonst hat es immer wieder Schriftsteller gegeben, die auch deshalb in ihrem Nachlass eine Frist festgelegt haben, bevor Korrespondenz und Tagebücher veröffentlicht werden durften.

Die Schriftstellerin Anne Lamott empfiehlt in ihrem Buch *Bird by Bird* zu den Themen Persönlichkeitsrechte, Verleumdung, üble Nachrede: »Wenn Sie also mit einem Mann zusammen gelebt haben, der eine Reihe von seltsamen privaten und beruflichen Macken pflegt, die sowohl seinen Freunden als auch seinen Kunden bekannt sind, und man ihn anhand dieser Macken in Ihrem Werk identifizieren kann, dann sollten Sie sich doch lieber alle Mühe geben, ihn als Figur ganz anders darzustellen. Wenn er bekannt dafür war, lange Zehennägel zu haben, dann lassen Sie ihm in Ihrem Buch lange Nasenhaare wachsen. Wenn er seine Haare schwarz gefärbt hat, dann lassen

Sie ihn Make-up und einen Hauch von Rouge benutzen. Wenn er sich aber durch seine Handlungen Ihnen gegenüber als narzisstischer Soziopath offenbart hat, dann sollten Sie durchaus versuchen, seinen Charakter in eine Figur zu übersetzen. Sie können sogar tatsächlich stattgefundene Gespräche verwenden, solange dieser Mensch nicht durch Ihre Beschreibungen identifiziert werden kann. Verändern Sie alles, was auf ihn als wirklich existierende Person hinweisen würde. Lassen Sie seine kleptomanischen Tendenzen weg. Lassen Sie weg, welches Auto er tatsächlich fährt und dass er Raucher derart verabscheut, dass er in den Aschenbecher einen winzigen Baum gepflanzt hat. Machen Sie aus sich seine Freundin oder seine erste Frau statt seiner dritten und sparen Sie sich seine missratenen Kinder aus erster Ehe und die rothaarigen Zwillinge aus zweiter Ehe, denn auch sie könnten klagen. Wenn Sie diese Person so sorgfältig verkleiden, dass sie nicht durch ihr Äußeres oder ihre besonderen Lebensumstände, Beruf und Verhalten erkennbar ist, dann können Sie sie in Ihrem Werk verwenden. Geschickt ist es auch, den Ex mit einem winzigen Penis auszustatten, denn dann ist es weniger wahrscheinlich, dass er sich öffentlich über Ihre Darstellung beschweren wird.«

Mit anderen Worten: Verzichten Sie nicht auf interessante Figuren, Situationen und Ereignisse, sondern verfremden Sie so, dass Ihr Text nicht angreifbar ist. Das kann man von jedem guten Autor erwarten.

IV. VERÖFFENTLICHEN

Den Erfolg muss man vergessen,
wenn man ein neues Buch schreiben will.
    Fosnes Hansen

IHR LEBEN ALS BUCH, HEFT ODER ALBUM?

Wenn Sie Ihr Manuskript überarbeitet und korrigiert in den Händen halten, wartet nur noch eine Entscheidung auf Sie: Wem wollen Sie Ihr geschriebenes Leben schenken? Soll ein gebundenes Buch daraus werden? Sie können im Copy Shop die Seiten kopieren und ein paar Exemplare binden lassen. Sie können auch eine Druckerei wählen, die auf kleine Auflagen spezialisiert ist, und dort ein Angebot zum Vergleichen erbitten. Solche Adressen finden Sie im Internet in der »Dienstleister-Datenbank« auf www.Autorenhaus.de.

Schreiben und *Veröffentlichen* sind zwei ganz verschiedene Dinge. Beschäftigen Sie sich jeweils dann damit, wenn die Zeit dafür gekommen ist. Wenn Sie glauben, dass Ihre Autobiographie oder Memoiren eine ungewöhnliche, faszinierende Geschichte erzählt, die viele andere Menschen interessieren könnte und vielleicht sogar literarische Qualitäten hat, dann versuchen Sie, einen Buchverlag für die Veröffentlichung zu finden. Informieren Sie sich vorher über den Buchmarkt und wie man ein Manuskript anbietet (ein Standardwerk ist das *Handbuch für Erst-Autoren*).

Die Erfolgsquote für unverlangt eingesandte Manuskripte ist gering, sie liegt im Promillebereich. Mit anderen Worten: Von eintausend Manuskripten wird vielleicht eines gedruckt. Und die Absagen stapeln sich bei den Autoren wie die Manuskripte in den Verlagen.

Viele Manuskripte irren durch die Verlage und möchten sich irgendwo dauerhaft niederlassen. Doch meist werden sie abgelehnt, das gilt besonders für Autobiografien, die nicht von allgemeinem Interesse sind.

Es ist gut, wenn sich Autoren Gedanken darüber machen, wo ihre Texte und Themen Chancen haben. Wer sich nicht über den Buchmarkt informiert, hat es schwerer zu veröffentlichen. In der entsprechenden Fachliteratur gibt es grundlegende Informationen dazu, wie der Buchmarkt funktioniert und wie man Manuskripte erfolgreich anbietet, um den richtigen Verlag zu finden und den falschen zu meiden.

Es kommt entscheidend darauf an, den richtigen Verlag oder die richtige Literaturagentur auf die richtige Weise anzusprechen. Voraussetzung dafür sind entsprechende Adressen und Informationen. Wer Agentur- und Verlagsadressen sucht, kann im *Deutschen Jahrbuch für Autoren, Autorinnen* nachschlagen. Es enthält neben aktuellen Autorenthemen die Adressen von Verlagen und ihren Programmen und Manuskriptwünschen sowie Angaben in welcher Form Manuskriptangebote gewünscht werden, zum Beispiel nach vorherigem Telefonat, als Exposé mit oder ohne Textprobe oder als vollständiges Manuskript auf Papier oder als E-Mail.

VERLEGEN KOMMT VON VORLEGEN

Das Ungleichgewicht von Autoren, die sich gedruckt sehen möchten und wählerischen Verlagen begünstigt Unternehmen, die mit Kleinanzeigen auf Autorensuche sind. Nach der x-ten Verlagsabsage sind die Komplimente der sogenannten »Lektoratskonferenz« solcher Unternehmen wie Balsam für die verletzte Autorenseele. Aber selbst verträumte Schriftsteller wachen spätestens dann auf, wenn es darum geht viel Geld zu bezahlen, sollte man meinen.

Verlegen kommt von Vorlegen: Damit ist nicht gemeint, dass Autoren, die viel Zeit in die Arbeit an ihrem Text investiert haben, auch noch die Kosten für Herstellung und Vertrieb ihres Buchs vorlegen. Zuschuss- oder Pseudoverlage kehren das Verlagsprinzip um: Sie honorieren nicht den Autor, sondern lassen sich von ihm bezahlen. In manchen Verträgen steht auch noch, dass der Autor, der zum Beispiel für den Vertrieb seiner Bücher selbst sorgt, diese großzügigerweise mit Rabatt vom »Verlag« erwerben darf, obwohl er sie bereits vorher schon bezahlt hat. So wird der Autor quasi selbst zu seinem besten Kunden. Gegen solche Unternehmen wäre weniger einzuwenden, wenn manche bei Autoren nicht den Eindruck erzeugen würden, dass sie für ihr Geld die Leistungen eines klassischen Verlags erhielten, vor allem auch eine umfassende Vertriebsleistung. Das erklärt vielleicht, warum sich solche Unternehmen um ein Image als großer renommierter Verlag bemühen und sich mit klangvollen literarischen Namen und Mitgliedschaften schmücken oder als Spender für wohltätige Zwecke auftreten.

SELBST VERÖFFENTLICHEN

Wer glaubt, der Selbstverlag sei nur eine Notlösung, ist nicht der geborene Selbstverleger. Denn zu dieser Aufgabe gehören Enthusiasmus und Interesse an den vielfältigen Aufgaben, sonst ist das Ergebnis unbefriedigend. Wann denkt ein Autor daran, sein Werk selbst zu verlegen? Wenn er die Verkaufsmöglichkeiten für so gut hält, dass er den Verlagsgewinn selbst erzielen möchte. Wenn er die Nutzungsrechte an seinem Werk nicht verlieren will oder wenn etablierten Verlagen die absetzbare Auflage zu niedrig erscheint. Der Autor oder die Autorin bringt also das eigene Werk auf eigene Kosten heraus und trägt selbst die Verantwortung für Gelingen und Publizität. Typisch für den Selbstverlag ist, dass nur das eine Werk des Autors erscheint und der Verlag nebenberuflich geführt wird.

Die Buchproduktion im Digitaldruck ermöglicht seit einiger Zeit »Books-on-Demand«. Diese erst auf Nachfrage produzierten Bücher können von Autoren selber in Auftrag gegeben werden. Sie werden, sobald eine Bestellung vorliegt, innerhalb einiger Tage gedruckt und geliefert. Der Vorteil besteht darin, dass eine größere Vorfinanzierung, Lagerkosten und das Auflagenrisiko entfallen.

Digitaldruckereien und Book-on-Demand-Abieter gibt es in vielen Großstädten. Sie finden Adressen auch im Internet.

Mit der Book-on-Demand-Technik ist auch eine ganz neue Form von Verlagen entstanden. ... Das Angebot dieser Dienstleister ist sehr gemischt: Manche produzieren alles ohne Ansehen der inhaltlichen, sprachlichen und formalen Beschaffenheit der Werke, andere bieten auch zusätzlich eine Beurteilung der Manuskripte an und sorgen für eine gehobene

Qualität der von ihnen produzierten Bücher. Ein Problem ist das fehlende Lektorat, sofern es der Autor nicht zusätzlich in Auftrag gibt und bezahlt. Und nach dem Druck das fehlende Marketing: Wenn niemand von dem Buch erfährt, bleibt es im virtuellen Regal stehen, so wie das echte Buch im Lagerregal. Das Handbuch *Mini-Verlag* erläutert das Verfahren, gibt Kalkulationsbeispiele und nennt Adressen.

V. FRAGEN

Unser Leben ist nicht das, was geschah, sondern das, was wir erinnern und wie wir es erinnern.

Gabriel García Marquéz

FRAGEN FÜHREN SIE WEITER

Unser Leben verläuft nicht linear. Es gibt Abstürze und Höhepunkte, Verletzungen, Umwege und Sackgassen. Jeder Mensch gestaltet und erfüllt sein Leben mit unterschiedlichen Werten. Er kommt vom Weg ab und findet neue Möglichkeiten, er verliert und kämpft weiter. Jeder hat eine andere Lebensbasis, von der aus er startet, die seine Entscheidungen beeinflussen, jeder hat unterschiedliche Motive und Ziele.

Äußere Ereignisse bestimmen unser Leben und teilen es in Abschnitte auf: Schule, Ausbildung, Beruf und Familie. Chancen, Enttäuschungen, Liebe, Krankheit, Tod und Geburt werden zu bestimmenden Höhepunkten, die unser Leben verändern.

Beginnen Sie mit den Bildern Ihrer frühesten Kindheit, mit der Familie, in der Sie aufgewachsen sind. Hatten Sie als Kind bestimmte Eigenarten, waren Sie ein vergewaltigter Linkshänder, ein Eigenbrötler, ein Schokoladeneierhamster, der seine Vorräte zu den Schokonikoläusen gehortet hat? Was gibt es an lustigen oder peinlichen Anekdoten über Sie und andere Familienmitglieder? Haben sich Ihre Eltern vielleicht manchmal laut gefragt, wie dieses Kuckucksei von Kind ins ordentliche Nest gekommen ist? Von wem es die hässlichen Eigenschaften geerbt haben könnte, ob es nicht besser gewesen wäre, ein dankbares armes Kind zu adoptieren? Und Sie, gab es nicht Zeiten, in denen Sie sicher waren, dass man Sie in der falschen Familie abgegeben hatte?

Fragen sind wie kleine Steine, die eine Lawine auslösen können. Fragen öffnen die Tür zur Erinnerung, aus der immer wieder neue Bilder auftauchen – daraus entsteht die Geschichte

Ihres Lebens. Während Sie über Ihre erste Liebe schreiben, fallen Ihnen vielleicht die Koseworte Ihrer Eltern Schlumpsi und Strolch ein, die den wenigen heiteren Stunden vorbehalten waren. Die erste Party in sturmfreier Bude, wie es war, nachdem Sie stockbetrunken die erste Zigarre geraucht hatten und nach zwei Tagen aus dem Koma erwacht waren. Womöglich fällt Ihnen aber auch ein, dass Sie eigentlich nie heiraten wollten, weil Sie als Kind dachten, dass dazu gehört, sich gegenseitig mit blauen Flecken zu dekorieren. Oder dass Sie unbedingt heiraten wollten nur um aus dem Haus zu kommen, obwohl sie keine einzige Ehe kannten, die glücklich war?

Nicht jede der folgenden Fragen wird für Sie persönlich wichtig sein, aber manche wird Ihre Erinnerung auf den Weg bringen.

Diese Fragenliste ist ein Hilfsmittel, mit dem Sie verschüttete Erinnerungen wiederfinden und beleben können. Vertrauen Sie Ihre Ideen und Stichworte nicht den losen, genial verstreuten Einzelzetteln an, die sich gerne unsichtbar machen, wenn man sie braucht. Legen Sie ein Schreibheft, eine Kladde oder ein Ringbuch bereit. Sobald Ihnen eine Episode oder Anekdote einfällt, schreiben Sie sie unter einem Stichwort oder der Nummer der Frage auf. Später lassen sich diese Seiten leicht herausnehmen und Sie erhalten die nach Stichworten zusammengefügten Informationen zu einem bestimmten Zeitabschnitt und Thema.

Wichtig: Sie müssen die Fragen nicht nacheinander beantworten.

Wenn eine Frage keinen besonderen Gedanken bei Ihnen auslöst, gehen Sie zur nächsten weiter.

Nur die Fragen, die für Ihr Leben eine Bedeutung haben, sind auch für Ihre Autobiographie interessant!

Angenommen eine Frage hat Ihre Erinnerungen angeregt, dann halten Sie möglichst alles, was Ihnen einfällt, schriftlich fest. Vielleicht gelingt Ihnen anfangs nur eine kurze Assoziationskette. Erwarten Sie nicht gleich eine Riesenwelle gut sortierter Erinnerungen. Gewöhnen Sie sich nach und nach daran, Ihren Erinnerungen unverkrampft zu begegnen. Halten Sie immer ein Notizbuch oder einen Block bereit oder schalten Sie den PC an.

Bewahren Sie Ihr Leben und Ihre Erinnerung – das wünscht Ihnen

Ihre Gerhild Tieger

300 Fragen –
Wege in die Erinnerung

KINDHEIT UND SCHULE

1.

In welchem Jahr und wo
wurden Sie geboren?
Gab es an diesem Tag
irgendein außergewöhnliches
Ereignis: historisch, dramatisch, humoristisch oder eine
politische Krise, eine Natur-
katastrophe?

2.

Was wissen Sie über Ihre
Geburt – zu Hause oder im
Krankenhaus? War Ihr Vater
dabei? Gab es Komplika-
tionen? Wie hat Ihre Mutter
die Geburt überstanden?

3.

Mit welchem Alter beginnen
Ihre frühesten Kindheitserinnerungen?

4.

An welchem Ort, in welchem
Haus haben Sie Ihre Kindheit
verbracht?

5.

Welcher Geruch und
Geschmack erinnert Sie an
Ihre Kindheit?

6.

Haben Sie von Kindheit an
eine besondere Angewohn-
heit?

7.

Was war Ihr Lieblingsspiel-
zeug?

8.

Welche Haarfarbe und Frisur
hatten Sie als Kind?

9.

Waren Sie Einzelkind, ältestes
oder jüngstes Kind?

10.

Haben Sie unter der Ankunft
von Geschwistern gelitten
oder haben Sie sich gefreut?

11.

In welchem Alter kamen Sie
in den Kindergarten?

12.

Wo waren Sie als Kind am
glücklichsten?

13.

Welche Namen und Vor-
namen hatten Ihre Eltern?

14.

Wo wurden Ihre Eltern
geboren?

15.

Welchen Beruf hatten Ihre
Eltern?

16.

Ist Ihre Mutter arbeiten
gegangen? Wo? War sie
gerne berufstätig? Wie hat sie
Haushalt, Familie und Beruf
bewältigt?

17.

Welche Arbeiten musste Ihr
Vater/Ihre Mutter regelmäßig
erledigen?

18.

Wie waren die Haushaltsauf-
gaben in der Familie verteilt?

19.

Welche Aufgaben haben Sie
gerne und welche nicht so
gerne übernommen?

20.

Welche politische Richtung
vertraten Ihre Eltern, waren
sie Mitglied in einer Partei?

21.

Hatte das Einfluss auf Ihren
Familienalltag und wodurch
erkannten Sie es?

22.

Welche Spitznamen hatten
Sie und andere Familienmitglieder?

23.

Welchen Namen und Vor-
namen hatten Ihre Groß-
eltern?

24.

Welchen Beruf hatten sie?   _____

                                              _____

25.

Wo und wie haben Ihre Groß-   _____

eltern gelebt (Haus, Wohnung,   _____

Lebensumstände)?   _____

26.

Woran erinnern Sie sich,   _____

wenn Sie an Ihre Großmütter   _____

denken? Wie unterschieden   _____

sie sich?   _____

27.

Welche Eigenschaften, Prin-   _____

zipien, Abneigungen und   _____

Schwächen hatten Ihre Groß-   _____

väter? Wie unterschieden sie   _____

sich?   _____

28.

Können Sie ungewöhnliche,   _____

eindrucksvolle Möbelstücke   _____

oder Gegenstände aus der   _____

Wohnung Ihrer Eltern oder   _____

Großeltern beschreiben? Gibt   _____

es eine Geschichte dazu?   _____

                                              _____

29.

An welche Anekdoten aus
Ihrer Kindheit erinnern Sie
sich?

30.

Welche Traditionen oder
Eigenheiten spielten eine
Rolle in Ihrem Elternhaus?

31.

Wie und wann nahmen Sie
Ihre Mahlzeiten ein? Welche
Rolle spielte das gemeinsame
Essen?

32.

Welche Speisen kamen oft auf
den Tisch? Welche mögen Sie
bis heute?

33.

Wie wurden in Ihrer Familie
Feiertage, wie Geburtstag,
Ostern oder Weihnachten
gefeiert?

34.

Was fällt Ihnen spontan zur
Ehe Ihrer Eltern ein?

35.

Haben Sie als Kind Ihre Eltern
nackt gesehen?

36.

Haben sich Ihre Eltern schon
einmal vor den Kindern
gestritten – wenn ja, weshalb?

37.

Was war die stärkste Charak-
tereigenschaft Ihrer Mutter?

38.

Und die Ihres Vaters?

39.

Was haben Sie an Ihrer Mutter
bewundert oder kritisiert?

40.

Worum ging es, wenn Sie
Streit mit Ihrer Mutter hatten?

41.

Was haben Sie an Ihrem Vater
bewundert oder kritisiert?

42.

Welchen Grund gab es für
Streit mit Ihrem Vater?

43.

Wofür wurden Sie von Ihren
Eltern bestraft? Und wie?

44.

Wurden Sie von Ihren Eltern
geschlagen?

45.

Haben Sie und Ihre
Geschwister zusammenge-
halten? Oder haben Sie miteinander konkurriert?

46.

Welche Anlässe gab es für
Streit innerhalb Ihrer Familie
und Verwandtschaft?

47.

Was wollten Ihnen Ihre Eltern
unbedingt und mit aller
Strenge beibringen?

48.

Welche Erwartungen Ihrer
Eltern haben Sie nicht erfüllt?

49.

In welchem Alter und Jahr
wurden Sie eingeschult?

50.

Welche Schulen haben Sie
besucht? Und wo?

51.

Hatten Sie einen ungewöhnlich weiten, gefährlichen oder
normalen Schulweg?

52.

Woran erinnern Sie sich
besonders aus den ersten
Schuljahren?

53.

Welches war Ihr Lieblings-
fach?

54.

Hatten Sie Probleme in der
Schule, womit?

55.

Wurden Sie von Mitschülern
gehänselt? Wie haben Sie
darauf reagiert?

56.

Hatten Sie einen Spitznamen,
welchen? Wie kam es dazu?

57.

Gab es einen Lehrer, den Sie
hassten? Warum?

58.

Hatten Sie Lieblingslehrer?

59.

Hatten Sie eine Vorliebe für
ein Unterrichtsfach und hat
sich später etwas daraus entwickelt?

60.

Was war das Wichtigste, das
Sie in Ihrer Schulzeit gelernt
haben?

61.

Hatten Sie bereits als Kind
ausgeprägte Interessen wie
Sport, Musik, Lesen, Tiere?

62.

Erinnern Sie sich an ein Buch,
dass Sie in Ihrer Kindheit sehr
geliebt haben, warum?

63.

Haben Sie besonders leben-
dige Erinnerungen an Ereignisse während Ihrer Schulzeit?

64.

Erinnern Sie sich gerne an
den Sportunterricht?

65.

Welche Unterrichtsfächer
mochten Sie überhaupt nicht?

66.

Wie war es als Sie das erste
Mal mit der Klasse im
Schwimmbad waren?

67.

Mit wem waren Sie in der
Schule oder zu Hause am
liebsten zusammen?

68.

Sind Sie gern ins Landschul-
heim oder auf Klassenfahrten
gegangen?

69.

Gab es in Ihrer Verwandt-
schaft jemand, der exzentrisch
oder sonst ungewöhnlich war
(Anekdoten)?

70.

Welches Geschenk Ihrer
Eltern (oder anderer Men-
schen) werden Sie nie vergessen?

71.

Wie würden Ihre Verwandten
und Freunde Sie als Kind
beschreiben?

72.

Hatten Ihre Eltern Angst vor
Tieren oder eine starke Abnei-
gung gegen bestimmte Tier-
arten?

73.

Welche Haustiere waren in
Ihrer Familie erlaubt, welches
gehörte Ihnen ganz allein?

74.

Haben Sie als Kind den Tod
eines Tieres erlebt und wie
haben Sie darauf reagiert?

75.

Erinnern Sie sich an Ihren
ersten Krankenhausaufent-
halt?

76.

An welche Kinderbücher
oder Geschichten erinnern
Sie sich? Und welche waren
Ihnen am liebsten?

77.

Von welchem Beruf haben Sie
als Kind geschwärmt?

78.

Gab es eine Gruppe von Kindern in Ihrer Nachbarschaft, zu der Sie gehörten oder waren Sie Einzelgänger?

79.

Sind Sie im Sommer oft schwimmen gegangen? Mit wem?

80.

Wo haben Sie als Kind mit Ihren Eltern Ferien gemacht?

81.

Gab es einen Urlaubsort, den Ihre Familie immer wieder besucht hat? Bis zu welchem Alter sind Sie gemeinsam mit Ihrer Familie in Urlaub gefahren?

82.

Was war das erschütternste Erlebnis Ihrer Kindheit?

JUGEND UND ERSTE LIEBE

83.

Was ruft die stärkste Erinnerung an Ihre Jugend wach?

84.

Wann sind Sie zum ersten Mal ohne Eltern in die Ferien gefahren? Wohin und mit wem?

85.

Hatten Sie Flug- oder Höhenangst?

86.

Wie oft sind Sie mit Ihrer Familie umgezogen? Wohin?

87.

Haben Sie darunter gelitten?

88.

Haben Sie leicht neue Freundschaften geschlossen?

89.

Hat der Umzug Schwierig-
keiten in der Schule mit sich
gebracht?

90.

Hatten Sie eine enge Bindung
zu einem Ihrer Geschwister?

91.

Gab es oft Streit mit einem
Ihrer Geschwistern? Worüber?

92.

In welchem Jahr hatte Ihre
Familie den ersten Fernseher?

93.

Änderte sich dadurch etwas
im Familienleben?

94.

Welches war Ihr Lieblingspro-
gramm?

95.

Wann kam der erste Com-
puter in Ihre Familie? Wer
besaß ihn?

96.

Welche Computerspiele hatten
Sie, welches war Ihr liebstes?

97.

Was waren Ihre Freizeitbe-
schäftigungen?

98.

In welchem Alter, zu welchem
Anlass durften Sie Ihre erste
Party geben?

99.

Die erste Zigarette, wann und
wie war das?

100.

Wann waren Sie das erste Mal
richtig betrunken?

101.

Haben Sie Drogen probiert?
Welche?

102.

Wie sind Sie damals an
Drogen gekommen?

103.

Welche Geburtstagsfeier in
Ihrem Freundeskreis haben
Sie noch in Erinnerung, in
guter oder in schlechter?

104.

Gab es einen Menschen, den
Sie gern zum Freund gehabt
hätten, aber die Sympathie
war nicht gegenseitig?

105.

Was ist zu Ihrer äußeren
Erscheinung als Teenager zu
sagen?

106.

Wurden Sie wegen Ihres Aus-
sehens oder anderem bewundert?

107.

Haben Sie als Teenager besonderen Wert auf Kleidung
gelegt? Haben Sie sich täto-
wieren oder piercen lassen?

108.

Waren Sie irgendwann einmal
übergewichtig?

109.

Was war Ihre größte Nieder-
lage in Ihren Jugendjahren?

110.

Von wem und wie wurden Sie
aufgeklärt?

111.

Unter welchen Pubertätspro-
blemen haben Sie sehr
gelitten?

112.

Haben Sie gleichgeschlecht-
liche Neigungen empfunden?

113.

Wurde in Ihrer Familie über
Sexuelles gesprochen?

114.

Gab es eine Clique, mit der
Sie regelmäßig ausgegangen
sind?

115.

Hatten Sie eine unerfüllte
Jugendliebe, die Ihnen später
noch einmal begegnet ist?

116.

Ist Ihnen der Übergang
zur Höheren Schule leicht
gefallen?

117.

Gab es einen Lehrer, den Sie
verehrt haben? Und umge-
kehrt?

118.

Welches Unterrichtsfach hat
Sie besonders interessiert?

119.

Wer war Ihr bester Jugend-
freund?

120.

Hatten Sie viele gute Bekannte,
aber keinen Freund?

121.

Welcher Mensch hat Ihre
Jugend stark geprägt?

122.

Haben Sie davon geträumt
Künstler zu werden?

123.

Hat jemand einmal ein
Gedicht über Sie geschrieben?

124.

Wie haltbar waren Ihre
Freundschaften?

125.

Haben Sie einen Freund
besonders bewundert,
warum?
Warum verstanden Sie sich
mit ihm so gut?

126.

Wie lange dauerte diese
Freundschaft? Haben Sie noch
heute Kontakt zueinander?

127.

Wann haben Sie zum ersten
Mal den Tod eines naheste-
henden Menschen erlebt?
Wie haben Sie sich verhalten?
Und wie Ihre Familie?

128.

Wann fühlten Sie sich
erwachsen?

129.

Wann und mit welchem
Abschluss haben Sie die
Schule verlassen?

130.

Sind Sie zur Bundeswehr ein-
gezogen worden?
Welche Erfahrungen haben
Sie dort gemacht?

131.

Haben Sie Ersatzdienst oder
Vergleichbares geleistet, wie
hat Sie das beeinflusst?

132.

Was hat Sie emotional stark
beschäftigt?

133.

Wann haben Sie sich zum
ersten Mal (glücklich/
unglücklich) verliebt?
Wie hat dieses Erlebnis Ihr
Leben verändert?

134.

Was war Ihr größter Wunsch
privat und beruflich?

135.

Haben Sie in Ihrer Jugend
tragische oder dramatische
Familienereignisse erlebt?

136.

Waren Sie in Ihrer Jugend
einmal vor eine Gewissens-
frage gestellt oder gezwungen,
Zivilcourage zu beweisen?

137.

Welche Diskussionen und
Auseinandersetzungen hatten
Sie als Jugendlicher mit Ihren
Eltern, worüber?

138.

Für welche Musik haben Sie
sich begeistert?
Mögen Sie sie heute noch?

139.

Was gefiel Ihnen an der Mode
in Ihrer Jugend oder war sie
Ihnen unwichtig?

140.

Welche technischen Fort-
schritte haben Ihr Leben verändert?

141.

Würden Sie sich heute für
die gleiche Ausbildung wie
damals entscheiden?

142.

Mussten Sie während Ihrer
Ausbildung zusätzlich Geld
verdienen? Womit?

143.

Welche Eindrücke sind Ihnen
aus Ihrer Ausbildungs- oder
Studienzeit besonders in Erinnerung geblieben?

144.

Welche Einstellung hatten
Lehrer, Ausbilder oder
Dozenten zu Ihnen?

145.

Womit haben Sie sich während der Ausbildung oder des Studiums am liebsten beschäftigt?

146.

Welche Rolle spielten Religion und Glaube in Ihrer Jugend?

147.

Was war Ihr Lieblingsfilm/-schauspieler?

148.

Was haben Sie nie verstanden oder gelernt?

149.

Gibt es eine Tätigkeit, gegen die Sie sich immer gewehrt haben, die Ihnen dann jedoch einmal weitergeholfen hat?

150.

Was wollten Ihre Eltern aus Ihnen machen?

151.

Hatten Sie in Ihrer Jugend ein
Vorbild?

152.

Hatten Sie eine unglückliche
Liebe, der Sie bis heute nach-
trauern?

153.

Was haben Sie mit Ihrem
Freund am liebsten unter-
nommen?

154.

Hatten Sie Geheimnisse vor
Ihren Eltern?

155.

Gibt es etwas, was Ihnen im
Umgang mit anderen Men-
schen schwer gefallen ist?

156.

Wann ist Ihnen die große
Liebe begegnet?
Was hat Sie mit diesem Men-
schen so eng verbunden?

157.

Hatten Sie ein Ziel (privat/
beruflich), das Sie unbedingt
erreichen wollten? Warum?

158.

Welche Ausbildung (Prak-
tikum) haben Sie zusätzlich
gemacht?

159.

In welcher Firma, Branche
haben Sie zum ersten Mal
eine feste Anstellung gehabt?

160.

Wie war Ihr erster Eindruck
vom Beginn Ihres Berufslebens?

161.

Welche Menschen im Berufs-
leben haben Sie interessiert
und angezogen?

162.

Wann hatten Sie Ihre erste
eigene Wohnung nachdem Sie
bei Ihren Eltern ausgezogen
waren?

DIE ERWACHSENENJAHRE

163.

Was verstehen Sie unter echter
Freundschaft?
Wurde Ihre Freundschaft
schon einmal auf die Probe
gestellt?

164.

Gibt es jemand, der Sie so
enttäuscht hat, dass Sie ihn
hassen?

165.

Haben Sie ein Geheimnis, von
dem niemand etwas erfahren
darf?

166.

Gibt es einen Menschen, dem
Sie oder der Ihnen das Leben
gerettet hat oder dem Sie eine
große Hilfe waren?

167.

Erinnern Sie sich an ein
Erlebnis, das Ihnen noch
heute peinlich ist?

168.

Haben Sie gerne Besuch und
Gäste? Wie haben Sie gefeiert?

169.

An wen denken Sie bei den
Worten Warmherzigkeit, Für-
sorge, Zuneigung, Zuverläs-
sigkeit?

170.

Haben Sie eine Verbindung zu
einem Familienangehörigen
abgebrochen? Bedauern Sie
das?

171.

Sind Sie Blut- oder Organ-
spender?

172.

Welche Zeitschriften und
Magazine haben Sie als
Erwachsener regelmäßig
gelesen?

173.

Gibt es ein Thema oder
Gebiet, mit dem Sie sich gern
intensiv beschäftigt hätten,

aber keine Gelegenheit dazu
fanden?

174.

Welches Jahr war für Sie
ein Schlüsseljahr privat und
beruflich und warum?

175.

Haben Sie sich für eine Wei-
terbildung entschieden, mit
welcher Absicht?

176.

Haben Sie darauf den
erlernten Beruf gewechselt?

177.

Sind Sie umgezogen, wohin?

178.

Haben Sie ein eigenes Haus
gekauft?
Mussten Sie dafür große
Opfer bringen?

179.

Haben Sie ein Ferienhaus
besessen oder sich immer
gewünscht? Wo?

180.

Konnten Sie sich Ihr Traum-
auto leisten?

181.

Was hätten Sie gerne getan
oder erlebt, das Ihnen bis
heute unmöglich war.

182.

Gibt es etwas, auf das Sie
besonders stolz sind – Wissen,
Eigenschaften, Materielles?

183.

War etwas oder jemand Ihnen
bei Ihrer beruflichen Ent-
wicklung eine Hilfe?

184.

Sind Alkohol und Rauchen je
ein Problem gewesen?

185.

Oder andere Abhängigkeiten
wie Tabletten, Drogen. Wenn
ja, wie sind Sie damit zurecht
gekommen?

186.

Was war die schwierigste Zeit
während Ihres Berufslebens?

187.

Mit welchen Menschen haben
Sie gern zusammengearbeitet?

188.

Sind Sie zufrieden mit Ihrem
Beruf? Welchen hätten Sie
lieber gewählt?

189.

Was war Ihr schönstes Liebes-
erlebnis?

190.

Was würden Sie tun, wenn Sie
die Welt verändern könnten?

191.

Glauben Sie an Gedanken-
übertragung, Vorahnungen,
Übersinnliches? Haben Sie ein
solches Erlebnis gehabt?

192.

Was kann Sie vollkommen
glücklich machen?

193.

Gibt es etwas, wovor Sie auch
als Erwachsener noch Angst
haben?

194.

Was war Ihre liebste Freizeit-
beschäftigung?

195.

Was hatte einen besonderen
Wert für Sie?

196.

Welche Politiker haben Sie mit
großer Überzeugung gewählt?

197.

Haben Sie im Ausland
gearbeitet oder gelebt, mit
welchen Erfahrungen?

198.

Glauben Sie, dass die Ehe die
natürliche Lebensgemein-
schaft ist?
Bereuen Sie, nicht (oder nicht
erneut) geheiratet zu haben?

199.

Welche Fehler und Stärken
haben Sie?

200.

Welche Ihrer Eigenschaften
erkennen Sie in Ihren Kindern und Enkeln?

201.

Haben Sie in Ihrer Ehe die
Erfüllung gefunden, die Sie
sich gewünscht haben?

202.

Glauben Sie, dass Ihr Partner
die Ehe oder das Zusammen-
leben mit Ihnen als glücklich
empfindet?

203.

Haben Sie einmal geglaubt,
Sie würden nie heiraten?
Warum?

204.

Wie kam es zu Ihrer Verlo-
bung?

205.

Wann haben Sie geheiratet
und woran denken Sie, wenn
Sie an Ihre Hochzeit erinnern?

206.

Worüber haben Sie sich
einmal so zerstritten, dass
Sie sich trennen wollten oder
getrennt haben?

207.

In welchem Alter hatten Sie
den Wagen, mit dem Sie
zufrieden waren? Was bedeutete das Auto für Sie?

208.

Wenn Sie einen Wunsch frei
hätten, was würden Sie sich
wünschen?

209.

Wovor haben Sie keine Angst
mehr?

210.

Wie hat sich Ihr Verhältnis
als Erwachsener zu Ihren
Geschwistern entwickelt?

211.

Waren Sie sich in Ihrer Ehe/
Partnerschaft darüber einig
wie viele Kinder Sie haben
wollten?

212.

Was war Ihre größte Sorge im
Zusammenhang mit der Ent-
scheidung für Kinder?

213.

Wie haben Sie die Geburt
Ihres ersten Kindes erlebt?

214.

Was änderte sich für Sie,
nachdem Sie Kinder hatten?

215.

Erinnern Sie sich an besonders lustige, komische Situationen als Ihre Kinder noch
klein waren?

216.

Welche Frisur und Haarfarbe
hatten Sie zu dieser Zeit?

217.

Gab es je einen Grund für
eine ernsthafte Verstimmung
zwischen Ihnen und Ihren
Eltern?

218.

Erinnern Sie sich an ein
besonderes Urlaubserlebnis
unterwegs mit der ganzen
Familie?

219.

Welches Lebensalter war
besonders problematisch mit
Ihren Kindern?

220.

Wie verhielten sich Ihre Eltern
als Oma und Opa?

221.

Worauf sind Sie stolz als
Elternteil?

222.

Gibt es heute noch Situa-
tionen, in denen Sie bedauern,
sich als Elternteil nicht anders
verhalten zu haben?

223.

Haben Sie längere Zeit ohne
Ihre Familie leben müssen?

224.

Haben Sie eines Ihrer Kinder
bevorzugt oder abgelehnt?

225.

Haben Sie Fehler gemacht,
die nicht mehr gutzumachen
sind?

226.

Hatten Sie Probleme in der
Midlife Crisis? In welchem
Alter und womit?

227.

Womit waren Sie gerade
beschäftigt, als eine weltweit
erschütternde dramatische
Nachricht von den Medien
bekannt gegeben wurde
(Attentat, Reaktorunglück,
Kriegsausbruch, Unwetter)?

228.

Welche Art von Verlust empfanden Sie als besonders
schmerzlich?

229.

Welchen Menschen hätten Sie
gerne sehr viel öfter gesehen?

230.

Welcher Freund war Ihnen so
lieb wie ein Familienmitglied?

231.

Sind Sie auf irgendeine Weise
von Ihrer Familie abhängig?

232.

Haben Sie schon einmal daran
gedacht, sich das Leben zu
nehmen? Wann und warum?

233.

Wären Sie bereit, sich für längere Zeit intensiv um einen
guten Freund zu kümmern,
der sich in einem ernsthaften
Tief befindet?

234.

Haben Sie schon einmal ums
Überleben kämpfen müssen
(physisch, materiell)?

235.

Würden Sie sagen, Sie haben
beruflich Karriere gemacht
und Ihr Berufsziel erreicht?

236.

Wurden Sie ausgezeichnet,
wofür und womit?

237.

Haben Sie Pläne für die
Zukunft immer wieder ver-
schoben oder möglichst sofort
ausgeführt?

DIE SPÄTEREN JAHRE

238.

Mit welchem Gefühl
betrachten Sie die Vergangenheit und Ihr Leben?

239.

Sind Sie interessiert, Neues
kennenzulernen?

240.

Haben Sie eine Lieblingsfarbe?

241.

Was war Ihre Lieblingsblume?

242.

Wie haben Sie das Erwachsen-
werden und die Trennung von
Ihren Kindern überwunden?

243.

Haben Sie nach Ihrer Pensio-
nierung eine Sprache gelernt,
aufgefrischt oder ein Studium/
Ausbildung begonnen?

244.

Haben Sie eine ehrenamtliche
Aufgabe übernommen?

245.

Beschäftigen Sie sich intensiv
mit einem früheren Hobby,
für das Sie lange keine Zeit
hatten?

246.

Reisen Sie viel und was sind
Ihre schönsten Erlebnisse von
unterwegs?

247.

Welche Illusionen haben Sie
verloren?

248.

Was ist Glück für Sie?

249.

Woran glauben Sie?
Beten Sie manchmal?
Worum?

250.

Wie sieht eine glückliche
Familie für Sie aus?

251.

Was ist für Sie die Voraussetzung für ein erfülltes Leben?

252.

Haben Sie ein erfülltes Leben
geführt?

253.

Interessieren Sie sich für
Kunst oder Literatur?

254.

Haben Sie nach Ihrer Pensio-
nierung kleinere Jobs angenommen? Warum?

255.

Hat sich Ihre Einstellung zu
Geld geändert? In welcher
Beziehung?

256.

Gab es früher eine Gelegenheit, berühmt zu werden?

257.

Wofür könnten Sie auch
heute noch eine Dummheit
begehen?

258.

Welches sind Ihre Lieblingsge-
richte, Getränke und Lebens-
mittel?

259.

Was ist das Wichtigste, das
Sie in Ihrem Leben erreicht
haben?

260.

Haben sich mit zuneh-
mendem Alter Ihre Ansichten
z. B. zu Beruf, Politik; Kirche,
etc. verändert?

261.

Haben Sie sich kürzlich
Sorgen um Ihre Gesundheit
oder den von Familienmit-
gliedern gemacht?

262.

An welchen Lebensabschnitt
erinnern Sie sich am liebsten?

263.

Glauben Sie, dass Sie
bestimmte Eigenschaften im
Laufe Ihres Lebens unter-
drückt und verloren haben?
Welche?

264.

Was ist, mit Ihrer heutigen
Erfahrung, das Beste an der
Ehe?
Und was das Schwierigste?

265.

Welche Rolle spielt Sexualität
heute für Sie?

266.

Wie würden Sie heute das
Verhältnis zu Ihren Eltern und
Schwiegereltern beschreiben?

267.

Wer ist traurig, wenn Sie nicht
mehr leben?

268.

Werden Sie einmal ein
Geheimnis mit ins Grab
nehmen?

269.

Gibt es einen wunden Punkt/
Bitterkeit zwischen Ihnen und
Ihren Kindern, für die Sie sich
verantwortlich fühlen?

270.

Was denken Sie über ein
Leben nach dem Tod?

271.

Welche Einstellung haben Sie
zum Tod?
Haben Sie ein Testament
gemacht, das Ihre Hinterblie-
benen überraschen könnte?

272.

Wie würden Sie sich wün-
schen zu sterben?
Haben Sie Angst vor dem
Sterben?

273.

Um welchen Menschen
würden Sie heute verzweifelt
trauern?

274.

Wann haben Sie einen neuen
Freund hinzugewonnen?

275.

Was unternehmen Sie heute
am liebsten zusammen mit
Freunden?

276.

Nehmen Sie an Ehemaligen-
treffen teil?

277.

Kennen Sie jemanden, der
immer wieder die selben
Witze oder Anekdoten
erzählt?

278.

Gab es Spannungen im Ver-
hältnis zu Ihrem Schwieger-
sohn oder Schwiegertochter?

279.

Was empfanden Sie als Ihre
Enkel geboren wurden?

280.

Haben Ihre Enkelkinder ähnliche Charaktereigenschaften wie Sie?

281.

Welches war eine besonders schöne Zeit, die Sie mit Ihren Enkelkindern verbrachten?

282.

Sind Sie auf Ihre Enkel stolz? Lieben Sie einen Enkel mehr als die anderen?

283.

Haben Sie Wünsche, wie sich Ihre Enkelkinder einmal entwickeln sollten?

284.

Wie oft sind Sie im Laufe Ihres Lebens umgezogen? Werden Sie dort bleiben, wo Sie jetzt leben?

285.

Glauben Sie, dass Sie die Weisheit des Alters erreicht haben?

286.

Was würden Sie anders
machen, wenn Sie heute jung
wären?

287.

Was stört Sie am Alter am
meisten?

288.

Was geht Ihnen bei Ihren
Freunden am meisten auf die
Nerven?

289.

Hatten Sie ein Lebensmotto,
das Sie befolgt haben? Oder
mehrere?

290.

Sind Sie im Allgemeinen mit
Ihrem Leben zufrieden?

291.

Sind Sie mit den Jahren tole-
ranter oder weniger tolerant
gegenüber Menschen, Ideen
oder Lebensweisen geworden?

292.

Wie, glauben Sie, wird man
Ihre Generation später einmal
beschreiben?

293.

Welche Bücher haben für Sie
großen persönlichen Wert?

294.

Welches Buch würden Sie
gerne schreiben?

295.

Welche Stücke, Filme oder
Ausstellungen würden Sie
gerne immer wieder sehen?

296.

Welche Roman- oder Film-
figur wären Sie selbst gerne
gewesen?

297.

Welche Sportart interessiert
Sie immer noch?

298.

Beschäftigen Sie sich heute
mit einer erst kürzlich ent-
deckten künstlerischen Bega-
bung?

299.

Womit beschäftigen Sie sich
heute noch gerne?

300.

Wie sollen eines Tages Ihre
Familie und Freunde Sie in
Erinnerung behalten?

Verlagsanzeigen

Autorenhaus-Verlagsprogramm

Tagebuch & Erinnerungen schreiben
Freedom Writers – Wie eine junge Lehrerin und 150 gefährdete Jugendliche sich und ihre Umwelt durch Schreiben verändert haben *Von den Freedom Writers mit Erin Gruwell*
Tagebuch schreiben *Von Tristine Rainer*

Lyrik & Songtexte schreiben
Gedichte schreiben *Von Thomas Wieke*
Songtexte schreiben *Von Masen Abou-Dakn*

Kreatives Schreiben
Zen in der Kunst des Schreibens *Von Ray Bradbury*
Schriftsteller werden *Von Dorothea Brande*
Die Mitternachtskrankheit *Von Alice W Flaherty*
Raum zum Schreiben *Von Bonni Goldberg*
Wild Mind – Freies Schreiben *Von Natalie Goldberg*
Schreiben in Cafés *Von Nathalie Goldberg*
Schule des Erzählens *Von Sibylle Knauss*
Emotionen. *Von Susanne Konrad*
Kleiner Autoren-Workshop *Von Ursula LeGuin*
Beim Schreiben allein *Von Joyce Carol Oates*
Komik und Satire *Von Bernd Zeller*
Die eigene literarische Stimme finden *Von Manfred Hagel*
Der Virginia Woolf Writers' Workshop *Von Danell Jones*
Kinder- und Jugendbuch schreiben & veröffentlichen *Von H. Brosche*

Kreatives Schreiben für Jugendliche
Was sagt der Tiger? *Von Astrid Krömer*
Die neue Wörterwerkstatt *Von Sylvia Englert*
Türen zur Fantasie *Von Marion Gay*

Liebesromane & Erotik schreiben
Heftromane schreiben und veröffentlichen *Von Anna Basener*
Emotionen *Von Susanne Konrad*

Krimi & Thriller schreiben
Crime – Kriminalromane und Thriller schreiben *Von Larry Beinhart*
Literarisches Schreiben *Von Lajos Egri*
Der Mord als eine schöne Kunst betrachtet *Von Thomas de Quincey*

Autorenhaus-Verlagsprogramm

Journalismus, Nonfiction schreiben

Associated Press-Handbuch Journalistisches Schreiben
Von Rene J.Cappon
Ghostwriter – Für andere schreiben *Von Andrew Crofts*
Kreatives Schreiben für Studenten & Professoren *Von Frank Cioffi*
50 Werkzeuge für gutes Schreiben *Von Roy Peter Clark*
Nonfiction schreiben *Von William Zinsser*

Schreiben & Veröffentlichen

Literaturagentur. Autor – Agent – Verlag *Von Joachim Jessen u.a.*
Deutsches Jahrbuch für Autoren, Autorinnen
Mini-Verlag. Selbstverlag, Verlagsgründung *Von Manfred Plinke*
Handbuch für Erst-Autoren *Von Manfred Plinke*
»Ich bin ganz, ganz tot, in vier Wochen« *Von Birgit Vanderbeke*

Theater & Stücke schreiben

Die Technik des Dramas *Von Gustav Freytag*
Vorsprechen *Von Paula B. Mader*
Kleines Schauspieler-Handbuch *Von Uta Hagen*
Dramatisches Schreiben *Von Lajos Egri*

Film & Drehbuch schreiben

Wie man einen Film macht *Von Claude Chabrol*
Filme machen *Von Sidney Lumet*
Die Technik des Dramas *Von Gustav Freytag*
Dramatisches Schreiben *Von Lajos Egri*
Schule des Erzählens *Von Sibylle Knauss*
Schritt für Schritt zum erfolgreichen Drehbuch *Von Chris. Keane*
Das Drehbuch *Von Syd Field*
Die häufigsten Probleme beim Drehbuchschreiben und ihre Lösungen
Von Syd Field
Grundkurs Film von *Syd Field*
Professionelle Drehbücher schreiben *Von Tom Lazarus*

Cartoonbücher

Struwwelhitler. Der Anti-Nazi-Klassiker von 1941
Von Robert u. Philip Spence

Bitte besuchen sie auch www.autorenhaus-verlag.de